RICARDO MANSUR

32 APLICAÇÕES DE INTELIGÊNCIA ARTIFICIAL

EDITORA
CIÊNCIA MODERNA

Editor: Paulo André P. Marques
Produção Editorial: Dilene Sandes Pessanha
Capa: Daniel Jara
Diagramação: Daniel Jara
Copidesque: Equipe Ciência Moderna

FICHA CATALOGRÁFICA

MANSUR, Ricardo.

32 Aplicações de Inteligência Artificial

Rio de Janeiro: Editora Ciência Moderna Ltda., 2024.

1. Métodos especiais de computação 2. Inteligência Artificial
I — Título

ISBN: 978-65-5842-355-3 CDD 006.3

Editora Ciência Moderna Ltda.
R. Alice Figueiredo, 46 – Riachuelo
Rio de Janeiro, RJ – Brasil CEP: 20.950-150
Tel: (21) 2201-6662/ Fax: (21) 2201-6896
E-MAIL: LCM@LCM.COM.BR
WWW.LCM.COM.BR **02/24**

Sobre o Autor

O autor escreveu mais de trinta livros sobre governança e negócios digitais.

Nos últimos anos, desenvolveu diversos trabalhos sobre a Transformação Digital e agilidade nos negócios.

Vários dos seus livros alcançaram grande repercussão nas comunidades de tecnologia e negócios.

Trabalha com vigor para compartilhar as suas descobertas sobre inteligência artificial, agilidade nos negócios, governança de TI, redes e mídias sociais, Business-Defined IT, Indústria 4.0, BlockChain e Organizações Exponenciais.

Pesquisou tanto a adoção da filosofia agilidade nos negócios, quanto a transformação digital dos modelos de negócio para avaliar o "estado da arte" da inovação nas empresas.

A experiência do autor em modelos de negócio foi desenvolvida nas atividades realizadas em empresas do agronegócio, tecnologia, consultoria etc.

O autor também tem larga experiência na consultoria e assessoria em: (i) desenvolvimento e implementação de novos modelos de negócio, (ii) estratégias de recursos humanos, (iii) práticas de comunicação e (iv) programas de educação continuada.

Participou como palestrante de diversos congressos e seminários sobre gestão estratégica, negócios habilitados pela tecnologia, digitalização de um negócio, estratégias de comunicação e programas de aprendizado continuado.

Dedicatória

Uma vez Shakespeare disse que a vida é tão curta que deveria ser feita só de momentos de prazer.

Dedico esta obra aos meus pais e amigos que possibilitaram os bons momentos da minha vida.

Agradecimentos

Agradeço aos meus pais e professores pelo empenho na educação formal e preparação para a vida, aos meus amigos que me ajudaram nesta caminhada e a Deus, pela força de vontade para superar os desafios da vida.

Nota do Autor

Esta obra foi desenvolvida para ser um livro digital interativo com o leitor.

O autor usou o estratagema de combinar a conceituação das ideias com exemplos práticos de mercado.

O leitor pode navegar nas referências para entender como as ideias apresentadas são corroboradas pelo mercado.

É importante alertar ao leitor neste momento que todas as URLs (Uniform Resource Locator) citadas são de propriedade de terceiros e podem ser descontinuadas sem aviso prévio.

O autor reconhece que este risco é real, mas enfatiza que o leitor não perde conceituação alguma das ideias apresentadas com a descontinuação dos exemplos.

O objetivo da digitalização interativa é dar ao leitor a oportunidade de variar o conteúdo conforme o seu foco de interesse no momento específico da leitura.

Não existe necessidade alguma de navegar em todos os endereços citados.

As releituras do trabalho são mais interessantes por conta das variações de foco oferecidas pelas alternativas de interação.

Sumário

Introdução

A tecnologia da inteligência artificial (IA) generativa permite que um computador crie um texto, imagem, música, vídeo etc.

Os algoritmos de uma inteligência artificial permitem que ela realize uma tarefa específica e o modelo da IA Generativa (IAG) permite que ela crie um conteúdo novo.

O objetivo desta obra é exemplificar de forma clara e objetiva, algumas das aplicações e desafios da inteligência artificial.

O que é uma inteligência artificial generativa?

A inteligência Artificial Generativa (IAG) é um ramo da IA que utiliza algoritmos de aprendizado de máquina para sintetizar dados em função dos dados reais.

Esses dados sintetizados podem ser um texto, uma imagem, um som, um vídeo, um código etc.

O modelo da IAG processa uma grande quantidade de dados para permitir que o algoritmo aprenda os padrões e características dos dados reais e produza dados sintetizados semelhantes (não são idênticos) aos dados reais.

Em outras palavras, IAG pode ser vista como uma forma de criatividade computacional.

A plataforma "Random Face Generator" (This Person Does Not Exist, https://this-person-does-not-exist.com/en, acessado em 01/11/2023) gera rostos humanos fictícios usando a tecnologia Generative Adversarial Network (GAN), que é um tipo de IAG.

Cada vez que o usuário acessa a plataforma, ele vê uma imagem diferente de uma pessoa que não existe.

A plataforma ChatGPT (Welcome to ChatGPT, https://chat.openai.com/auth/login, acessado em 01/11/2023) é uma Recurrent Neural Network (RNN), ou seja, um tipo de IAG, que é capaz de gerar conteúdo sobre diversos assuntos.

O usuário digita uma frase ou um tema e o modelo gera um texto sobre o assunto com base nos dados reais que foram utilizados no treinamento da inteligência artificial.

A plataforma Jukebox (https://openai.com/research/jukebox, acessado em 01/11/2023) é uma Convolutional Neural Network (CNN), ou seja, outro tipo de IAG, que é capaz de gerar uma música com letra e melodia.

O usuário pode escolher um artista e um gênero para que a música criada pela IA tenha um determinado estilo musical e vocal.

Como funciona a inteligência artificial generativa?

Em geral, a inteligência artificial generativa é uma Generative Adversarial Network.

Uma GAN é formada por duas redes neurais artificiais que competem entre si, ou seja, uma *generative network* (G) e uma *discriminative network* (D). A rede geradora sintetiza dados que são indistinguíveis dos dados reais, e rede discriminadora avalia a autenticidade dos dados sintetizados, ou seja, ela decide se um dado sintetizado pertence ao conjunto de dados reais usados no treinamento da IA.

A rede geradora recebe um ruído aleatório amostrado de alguma distribuição como entrada e gera uma saída sintética.

A saída é enviada para a rede discriminadora junto com uma amostra de dados reais.

A rede discriminadora decide se as entradas são falsas (sintetizadas) ou reais e envia o resultado para a rede geradora.

A rede geradora usa as decisões da rede discriminadora para ajustar os seus parâmetros e tentar enganar a rede discriminadora na próxima rodada.

A rede discriminadora também usa as suas decisões para ajustar os seus parâmetros e tentar não ser enganada na próxima rodada.

Esse processo se repete até que as duas redes alcancem um equilíbrio, ou seja, até que a rede geradora produza dados falsos tão convincentes que a rede discriminadora não mais consiga diferenciar os dados reais dos dados sintetizados.

A plataforma Artbreeder (https://www.artbreeder.com, acessado em 01/11/2023) usa diversas GANs para criar imagens híbridas a partir da combinação de outras imagens.

O usuário pode misturar rostos, animais, paisagens etc. para criar uma imagem.

A plataforma Online Deepfake Maker (https://deepfakesweb.com, acessado em 01/11/2023) usa diversas GANs para criar vídeos falsos em que o rosto de uma pessoa é substituído pelo de outra.

O usuário pode escolher um vídeo original e um vídeo alvo e o modelo vai trocar as faces dos protagonistas.

A plataforma Runway (https://runwayml.com/, acessado em 01/11/2023) usa diversas GANs para editar um vídeo usando IA.

O usuário pode aplicar filtros, efeitos ou transformações no seu vídeo de forma simples e fácil.

Quais são as aplicações da inteligência artificial generativa?

A inteligência artificial generativa tem diversas aplicações em vários setores da economia.

Geração de imagens: A IAG pode ser usada para criar imagens realistas de objetos, pessoas, animais, paisagens etc. que não existem na realidade. As imagens podem ser utilizadas na indústria do entretenimento, arte, design, educação etc.

Geração de texto: A IAG pode ser usada para criar textos coerentes e relevantes sobre diversos temas usando um estilo determinado. Os textos podem ser usados na indústria da comunicação, marketing, jornalismo, literatura etc.

Geração de música: A IAG pode ser usada para criar músicas ou para imitar um estilo musical existente. As músicas podem ser utilizadas na indústria do lazer, cultura, publicidade, terapia etc.

Geração de vídeos: A IAG pode ser usada para criar vídeos realistas ou para alterar os vídeos existentes. Os vídeos podem ser utilizados na indústria do cinema, televisão, redes sociais, segurança etc.

Geração de código: A IAG pode ser usada para criar um código-fonte ou para otimizar um código existente. Os códigos podem ser utilizados na indústria da codificação, desenvolvimento, automação, inovação etc.

Quais são os desafios da inteligência artificial generativa?

Qualidade dos dados: para que a IAG possa gerar dados sintéticos de alta qualidade, é preciso que os dados reais usados como base sejam de alta qualidade. Isso significa que a base de dados deve ser coerente, limpa, organizada, representativa e livre de vieses. Dados contaminados fazem a IAG reproduzir os erros e distorções dos dados reais.

Ética e privacidade: infelizmente, a IAG pode ser usada pelos criminosos para fins maliciosos ou ilegais (fraudes, falsificações, manipulações etc.). Por exemplo, os deepfakes podem ser usados para difamar ou chantagear as pessoas. A IAG pode violar tanto a privacidade das pessoas, quanto os direitos autorais, intelectuais e de imagem, pois foram usados dados reais para gerar os dados sintetizados.

Responsabilidade e transparência: os resultados gerados pela IAG podem causar danos ou prejuízos para as pessoas ou para a sociedade. A IAG pode gerar textos ofensivos ou falsos e influenciar as opiniões ou decisões das pessoas. Em diversos casos a transparência é bastante prejudicada, pois a explicação sobre como a IAG chegou ao resultado obtido é muito complexa.

Conclusões

A inteligência artificial generativa é uma tecnologia inovadora e promissora que abre novas possibilidades para a sociedade.

A tecnologia exige elevado nível de governança, pois o seu uso pode causar danos significativos para as pessoas físicas e jurídicas.

A governança precisa garantir que os dados reais usados no processo de treinamento da IAG são confiáveis, coerentes, robustos e éticos.

Dados confiáveis, coerentes, robustos e éticos permitem que os resultados gerados pela IAG possam ser verificados e validados.

Referências

https://this-person-does-not-exist.com/en, This Person Does Not Exist, acessado em 01/11/2023

https://chat.openai.com/auth/login, Welcome to ChatGPT, acessado em 01/11/2023

https://openai.com/research/jukebox, Jukebox, acessado em 01/11/2023

https://artbreeder.com, Artbreeder, acessado em 01/11/2023

https://deepfakesweb.com, Online Deepfake Maker, acessado em 01/11/2023

https://runwayml.com, Advancing creativity with artificial intelligence, acessado em 01/11/2023

https://medium.com/orel-group/is-chatgpt-an-rnn-e2df2d8956f9, Is ChatGPT an RNN?, acessado em 01/11/2023

IA no esporte profissional

A inteligência artificial pode auxiliar na coleta e no processamento de dados, na prevenção e no tratamento de lesões, na otimização dos treinos e das estratégias, na descoberta de novos talentos e na interação com os fãs.

Coleta e processamento de dados

Uma das principais aplicações da IA no esporte profissional é a coleta e o processamento de dados sobre os atletas, os adversários, as competições, as condições climáticas etc.

Os dados são capturados através de sensores, câmeras, dispositivos vestíveis, redes sociais, satélites etc.

A IA realiza análises estatísticas, preditivas e prescritivas dos dados capturados e gera informações robustas para que os profissionais envolvidos no esporte melhorem o desempenho dos atletas.

A plataforma Second Spectrum (https://www.secondspectrum.com/index.html, acessado em 01/11/2023) é um sistema de IA que analisa os movimentos dos jogadores e da bola nas partidas de basquete, futebol etc.

O sistema utiliza a tecnologia Radio Frequency Identification (RFID) nos uniformes e na bola para rastrear a posição, a velocidade e a direção dos jogadores e da bola em tempo real.

A IA captura os dados, e gera um relatório sobre o desempenho individual e coletivo dos jogadores, das táticas utilizadas e dos padrões de comportamento dos adversários.

Os treinadores usam os relatórios para planejar os treinos e as estratégias para as próximas partidas.

A IBM utiliza a IA para analisar os dados do torneio de tênis Wimbledon. A empresa utiliza câmeras e microfones para capturar os sons e as imagens das partidas.

Os sons e imagens são processados por algoritmos para gerar estatísticas sobre os pontos, as jogadas, os acertos e erros dos tenistas e sobre o nível de emoção e engajamento dos espectadores.

As estatísticas são utilizadas pelos organizadores do evento para melhorar a experiência dos fãs e dos patrocinadores.

Prevenção e tratamento de lesões

A inteligência artificial está sendo utilizada na identificação dos fatores de risco das lesões, na avaliação da gravidade das lesões, na recomendação de tratamentos adequados e na recuperação dos atletas.

A Catapult Sports (https://www.catapultsports.com/pt/, acessado em 01/11/2023) utiliza a IA para monitorar a carga de trabalho dos atletas por meio de dispositivos vestíveis que medem variáveis como frequência cardíaca, aceleração, distância percorrida, impacto etc.

A empresa processa os dados capturados e gera alertas sobre o nível de fadiga, o risco de lesão e a necessidade de descanso dos atletas.

Os alertas são usados pela comissão técnica (em especial técnicos, preparadores físicos, fisiologistas, nutricionistas) para ajustar a intensidade e frequência dos treinos e a rotina dos atletas.

Os médicos das equipes estão tratando as lesões musculoesqueléticas através de ondas sonoras de alta frequência.

Os equipamentos utilizados têm sensores que capturam as características da lesão (localização, profundidade, extensão etc.) e a inteligência artificial analisa os dados capturados para ajustar automaticamente a intensidade e a duração das ondas sonoras.

O dispositivo inteligente estimula a regeneração dos tecidos lesionados e gera relatórios sobre o progresso do tratamento para os atletas e médicos.

Otimização de treinos e estratégias

A IA pode ser usada para otimizar os treinos e as estratégias de jogo e para melhorar o desempenho e saúde dos atletas.

O algoritmo de análise de dados da inteligência artificial processa um grande volume de dados capturados sobre os atletas, adversários, condições ambientais, regras do jogo, gramado ou piso etc.

A análise analítica gera sugestões e recomendações que auxiliam a comissão técnica na tomada em tempo real de decisões e na elaboração do plano de ação.

A IA habilita a criação de um programa de treinamento individual para cada jogador que explore as suas virtudes e mitigue os seus defeitos e evite lesões.

A IA também é usada tanto para a monitoração do estado físico e mental dos atletas (ela envia alertas sobre fadiga, estresse, ansiedade etc.), quanto para sugerir de forma personalizada as intervenções mais adequadas.

A IA habilita a simulação de cenários através de modelos que reproduzem as características e o comportamento dos atletas, dos adversários, do ambiente etc.

Os modelos são usados para testar os resultados de cada uma das estratégias e para identificar as melhores opções.

A IA é capaz de simular as jogadas e movimentos dos adversários ao mesmo tempo em que analisa as suas forças e fraquezas.

Os sistemas inteligentes permitem fazer previsões sobre o desempenho dos atletas em diferentes condições de clima, iluminação, altitude etc.

A comissão técnica pode ajustar as estratégias e táticas em função das previsões da IA.

Os sistemas inteligentes interativos analisam as respostas dos atletas e criam adaptações para estimular a melhoria contínua do desempenho dos jogadores.

A IA usa técnicas de gamificação, realidade aumentada, realidade virtual, realidade mista etc. para tornar os treinos mais divertidos e envolventes.

A inteligência artificial é capaz de criar um aplicativo personalizado com diversos desafios para estimular a prática de uma determinada atividade física.

Também é possível criar um aplicativo para aprimorar a autoconfiança, autocontrole, nível de concentração etc. de um determinado atleta.

IA nas apostas esportivas

As apostas são na prática o dinheiro arrecadado na previsão de um resultado.

Muitas pessoas gostam da diversão, emoção e lucro das apostas.

As apostas esportivas representam um desafio intelectual, pois ela exige conhecimento, análise e estratégia.

Geração de prognósticos

A IA é capaz de analisar um grande volume de dados históricos e estatísticos sobre os times, jogadores, competições e eventos esportivos e prognósticos sobre os resultados (probabilidade e margem de erro).

Os prognósticos ajudam tanto os apostadores, quanto a casa de apostas na escolha das melhores opções para as apostas esportivas considerando a forma física dos atletas, o desempenho histórico da equipe, a motivação dos jogadores, as lesões, a arbitragem, o clima, o gramado ou piso etc.

Os prognósticos são baseados em fontes confiáveis e atualizadas (plataformas especializadas em estatísticas, artigos esportivos, redes sociais etc.).

O prognóstico gerado por uma IA para uma partida de futebol entre Brasil e Alemanha pode ser:

O Brasil tem 40% de chances de perder para a Argentina com uma margem de erro de 10%. O resultado mais provável é 1 a 0 para o Brasil, com um gol do Neymar.

A Argentina tem 40% de chances de vencer o Brasil, com uma margem de erro de 8%. O resultado mais provável é 1 a 0 para a Argentina, com gol de Messi.

O empate tem 20% de chance de ocorrer, com uma margem de erro de 5%. O resultado mais provável é 0 a 0.

Geração de conteúdo informativo

A IA pode produzir textos, imagens ou vídeos com informações relevantes e atualizadas sobre os eventos esportivos que interessam aos apostadores.

O conteúdo gerado inclui notícias, análises, comentários, entrevistas, dicas e curiosidades.

O conteúdo é gerado usando dados coletados de diversas fontes (sites oficiais dos times e competições, agências de notícias, blogs esportivos, programas de televisão etc.).

Um conteúdo informativo gerado pela IA para a copa do Brasil pode ser: "A copa do Brasil chegou à sua final com os melhores times disputando o título no Maracanã. O Flamengo é o grande favorito contra o São Bernardo que desbancou o poderoso time do Botafogo".

IA na justiça

Como a inteligência artificial pode ajudar os operadores do direito e os cidadãos que procuram uma solução para os seus conflitos?

Análise de risco

Os softwares de análise de risco cruzam os dados dos casos pregressos com o histórico do réu para definir uma probabilidade de reincidência criminal.

Alguns juízes levam em consideração a informação sobre a probabilidade de reincidência para determinar a prisão preventiva ou liberdade condicional.

Classificação de processos

A IA é capaz de classificar automaticamente os processos judiciais, ou seja, ela atribui rótulos ou categorias aos documentos processuais (assunto, classe, área, competência etc.).

A tarefa de classificar os processos que atualmente é feita manualmente pelos servidores, pode ser automatizada com o uso de algoritmos de aprendizado de máquina que reconhecem os padrões nos textos e classificam os processos com base em critérios predefinidos.

Extração de informações

O processo de extração de informações tem como objetivo a identificação e a captura de dados relevantes em um texto (nomes, datas, valores, fatos, argumentos etc.).

Os dados capturados são usados como entrada do sistema de gestão processual.

O objetivo é a geração de relatórios e estatísticas para apoiar a tomada de decisão dos juízes.

A IA com Processamento de Linguagem Natural (PLN) facilita o processo de captura de dados e geração de relatórios, pois ela compreende a linguagem humana.

Geração de peças processuais

A geração de peças processuais é a produção de textos jurídicos, ou seja, petições, despachos, sentenças e acórdãos.

A IA com PLN e aprendizado profundo (*deep learning*) é capaz de criar textos coerentes e coesos a partir de dados estruturados ou não estruturados.

Os textos gerados pela IA, auxiliam a atividade humana de gerar peças processuais, pois eles podem ser usados como modelo ou sugestão para os operadores do direito.

Previsão de resultados

A previsão de resultados é uma funcionalidade que visa estimar a probabilidade de um determinado desfecho em um processo judicial (procedência ou improcedência, concessão ou negação de um recurso, deferimento ou indeferimento de uma liminar etc.).

Essa funcionalidade é útil tanto para os advogados que podem avaliar as chances de sucesso de uma demanda, quanto para os juízes que podem verificar a jurisprudência dominante sobre um tema.

A IA usa os algoritmos de aprendizado supervisionado (aprendem com os dados históricos e fazem inferências sobre novos casos) para prever o resultado de uma demanda jurídica.

Detecção de fraudes

A IA é capaz de detectar e prevenir as fraudes jurídicas pela identificação de situações ilícitas ou irregulares (falsificação de documentos, corrupção, lavagem de dinheiro, sonegação fiscal etc.)

A IA usa algoritmos de aprendizado não supervisionado ou por reforço, que são capazes de detectar anomalias ou desvios nos dados sem a necessidade de rotulação prévia.

A IA pode ser usada na justiça para otimizar os processos e melhorar a qualidade dos serviços judiciários.

O uso da inteligência artificial na justiça exige a superação de diversos desafios e limitações, pois existem questões éticas, legais e sociais que devem ser consideradas.

A governança da inteligência artificial deve ser criada para que as questões éticas, legais e sociais da IA sejam regulamentadas pelos órgãos competentes.

É preciso criar uma resolução com critérios e diretrizes para garantir a transparência, a segurança, a confiabilidade e a responsabilidade dos projetos de IA nos tribunais e do seu uso pelo poder judiciário.

Em 2023, existem no Brasil mais de 100 projetos de IA no poder judiciário brasileiro relacionados com a automação dos processos judiciais e administrativos e com as rotinas de trabalho da atividade judiciária.

Referências

https://justicadigital.com/blog/exemplos-inteligencia-artificial/, 6 exemplos de Inteligência Artificial na Justiça, acessado em 01/11/2023

https://www.tjsp.jus.br/Download/SecaoDireitoPublico/Pdf/Cadip/InformativoEspecialCadipInteligenciaArtificial.pdf, Inteligência Artificial no Poder Judiciário, acessado em 01/11/2023

https://www.stj.jus.br/sites/portalp/Paginas/Comunicacao/Noticias/09032021-Inteligencia-artificial-esta-presente-em-metade-dos--tribunais-brasileiros--aponta-estudo-inedito.aspx, Inteligência artificial está presente em metade dos tribunais brasileiros, aponta estudo inédito, acessado em 01/11/2023

https://www.conjur.com.br/2023-jan-15/robo-revolucionar-uso-inteligencia-artificial-justica, Novo robô pode revolucionar uso de inteligência artificial no Judiciário, acessado em 01/11/2023

https://www.cnj.jus.br/cnj-regulamenta-uso-de-inteligencia-artificial-no-judiciario/, CNJ regulamenta uso de inteligência artificial no Judiciário, acessado em 01/11/2023

IA na medicina e na veterinária

Existem diversas aplicações para a inteligência artificial na medicina e na veterinária.

Geração de imagens médicas sintéticas para treinar os algoritmos de diagnóstico ou para simular cenários clínicos.

Foi desenvolvido o *SyntheX (Synthetic data accelerates the development of generalizable learning-based algorithms for X-ray image analysis*, https://www.nature.com/articles/s42256-023-00629-1, acessado em 01/11/2023) que é um "framework" para o desenvolvimento de algoritmos generalizáveis de IA para a análise de imagens de raios-X com base apenas em dados sintéticos simulados a partir da tomografia computadorizada para ajudar os médicos em procedimentos cirúrgicos etc.

Geração de textos médicos informativos ou educativos para profissionais de saúde ou pacientes.

A inteligência artificial do Watson da IBM é capaz de produzir resumos personalizados de evidências científicas sobre diversos tratamentos médicos.

Geração de modelos tridimensionais de órgãos, tecidos ou células para estudo ou impressão 3D.

A startup BioBots usou a inteligência artificial para criar modelos biológicos realistas que podem ser usados para testar medicamentos. Fonte: BioBots, a impressora 3D de tecidos vivos, https://meiobit.com/arquivo/316476/

biobots-impressora-3d-tecidos-vivos/, acessado em 01/11/2023.

Monitoramento dos sinais vitais de animais para diagnóstico.

A empresa PetPace (https://petpace.com/, acessado em 01/11/2023) usa a inteligência artificial para analisar os dados coletados por uma coleira inteligente que mede a temperatura, a frequência cardíaca e respiratória e o nível de atividade dos animais de estimação.

Conclusões

A inteligência artificial na medicina e veterinária aumenta a disponibilidade e a diversidade de dados para pesquisa e desenvolvimento, reduzir os custos e os riscos éticos de obter dados reais de pacientes ou animais, melhora a qualidade e a precisão dos diagnósticos e tratamentos e amplia o acesso e a compreensão da informação médica.

A governança da IA precisa garantir a segurança, a privacidade e o consentimento dos dados utilizados ao mesmo tempo em que ela evita o uso indevido, malicioso, ilícito, prejudicial etc. do conteúdo gerado.

A missão da governança da inteligência artificial é assegurar a confiabilidade e a transparência do conteúdo gerado pelos algoritmos.

A regulamentação das normas e padrões deve ser feita para que exista a correta responsabilização das consequências do conteúdo gerado.

Em outras palavras, é preciso respeitar os direitos autorais, intelectuais e de imagem e as normas éticas e regulamentações legais vigentes.

IA na educação

A inteligência artificial é capaz de criar conteúdo educacional personalizado e adaptado às necessidades e interesses de cada um dos alunos.

Crescimento da motivação e do nível de engajamento dos alunos pela oferta de conteúdo mais atrativo, interativo e diversificado.

A plataforma Khan Academy (O uso da inteligência artificial na educação, https://blog.khanacademy.org/pt-br/inteligencia-artificial-na-educacao/, acessado em 01/11/2023) utiliza a inteligência artificial para entender o padrão de aprendizado de cada aluno e criar um ensino personalizado que considera a individualidade de cada aluno.

A IA facilita a diferenciação pedagógica, pois ela permite que o conteúdo seja ajustado ao nível, ritmo e estilo de aprendizagem de cada aluno.

A plataforma Duolingo utiliza a inteligência artificial para desenvolver lições altamente personalizadas e para adaptar o ensino de idiomas às preferências e objetivos de cada aluno (Conheça o Duolingo Max, uma experiência de aprendizado desenvolvida com o GPT-4, https://blog.duolingo.com/pt/duolingo-max-gpt-4/, acessado em 01/11/2023).

A inteligência artificial amplia as possibilidades de criação e expressão dos alunos, estimula o crescimento da criatividade e alavanca o desenvolvimento do pensamento crítico.

A inteligência artificial generativa é capaz de produzir textos sobre diversos temas, que inspiram os alunos para produzir conteúdo de alto nível.

A IA desenvolve o nível de autonomia e a autoavaliação dos alunos através de "feedbacks" personalizados em tempo real.

A plataforma ALEKS (ALEKS always knows what each student is ready to learn, https://www.aleks.com/about_aleks, acessado em 01/11/2023) utiliza a inteligência artificial para avaliar o conhecimento dos alunos em matemática, química, estatística e contabilidade e para orientar o aprendizado pelos alunos.

A inteligência artificial apoia o trabalho dos educadores, pois ela reduz o tempo gasto com tarefas repetitivas e burocráticas (elaborar questionários, corrigir provas etc.).

A plataforma Quillionz (World's first AI-powered platform for creating questions, quizzes and notes, https://www.quillionz.com/, acessado em 01/11/2023) utiliza a inteligência artificial para gerar perguntas sobre um determinado texto.

A governança da inteligência artificial precisa garantir a qualidade e a confiabilidade do conteúdo gerado pela tecnologia, evitando erros, distorções ou vieses, ou seja, é preciso que um conselho curador avalie criteriosamente o conteúdo gerado pela IA.

É preciso respeitar os direitos autorais, intelectuais e de imagens do conteúdo usado no treinamento da inteligência artificial, por isso, é preciso a autorização dos detentores dos direitos.

A governança da IA tem como uma das suas missões a preservação da ética e a responsabilização das partes envolvidas no uso da tecnologia, ou seja, o conselho curador deve ser proativo na evitação de uso indevido ou prejudicial da tecnologia.

O ecossistema de ensino precisa trabalhar na direção do desenvolvimento das competências digitais dos alunos e dos professores, para que eles possam utilizar a tecnologia de forma crítica e consciente.

A inteligência artificial generativa na educação é uma tecnologia promissora, que demanda por cuidados e orientações para que ela seja usada de forma eficaz e ética.

Os educadores, demais profissionais do ensino, pais e mães precisam entender as oportunidades e riscos que a inteligência artificial oferece, para que ela possa ser integrada de forma equilibrada e significativa ao currículo e à metodologia de ensino.

Referências:

https://www.aleks.com/, McGraw Hill- ALEKS, acessado em 01/11/2023

https://arxiv.org/abs/2005.14165, Language Models are Few-Shot Learners, acessado em 01/11/2023

https://www.duolingo.com/, Duolingo, acessado em 01/11/2023

https://blog.khanacademy.org/pt-br/inteligencia-artificial-na-educacao/, O uso da inteligência artificial na educação, acessado em 01/11/2023 https://quillionz.com/, World's first AI-powered platform for creating questions, quizzes and notes, acessado em 01/11/2023

IA no varejo

A IA pode ser aplicada no varejo de diversas formas, pois ela gera benefícios tanto para os consumidores quanto para os varejistas.

Criação de produtos personalizados

A IA pode ser usada para criar produtos que atendam às preferências e necessidades especificas de um cliente (roupa, calçado, acessório, móvel etc.).

O algoritmo de aprendizado de máquina da IA pode analisar os dados do consumidor (histórico de compras, comportamento, "feedbacks" etc.) para gerar um produto mais adequado ao perfil, estilo, momento, necessidade etc. do cliente.

A IA é capaz de aumentar o nível de satisfação do cliente, ao mesmo tempo em que reduz o custo de produção e de estocagem.

A manufatura de produtos conforme a demanda reduz tanto o custo da matéria-prima, quanto as perdas e desperdícios.

Geração de conteúdo relevante

A IA também é capaz de gerar conteúdo interessante e útil para os consumidores (descrição do produto, recomendações para limpeza e lavagem, avaliações, recomendações, anúncios etc.).

A IA usa as técnicas de processamento de linguagem natural (PLN) para criar textos coerentes e criativos.

O objetivo é ganhar a atenção dos clientes e influenciar a decisão de compra.

A IA é capaz de adaptar o conteúdo ao contexto, à língua, canal de comunicação etc. usado pelo cliente para tornar a propaganda mais personalizada e eficaz.

Desenvolvimento de soluções inovadoras

A IA é capaz de contribuir para o desenvolvimento de soluções inovadoras que melhoram a experiência de compra dos clientes e a gestão do varejo.

A IA pode ser usada para criar um modelo 3D do produto para que o cliente o visualize via realidade aumentada, virtual, mista etc.

O modelo 3D permite que o cliente experimente o produto antes da compra.

A IA é capaz de criar um chatbot inteligente para interagir com os clientes de forma natural e resolver as suas dúvidas ou problemas.

A IA é capaz de otimizar os processos internos do varejo, ou seja, previsão da demanda, precificação dinâmica, logística etc.

A IA permite que o varejo ofereça produtos e serviços mais personalizados, relevantes e inovadores para os clientes, ou seja, aumento da fidelização e do diferencial competitivo.

Para gerar os benefícios da IA no varejo, é preciso investir em dados de qualidade, em ferramentas adequadas e em profissionais capacitados.

Referências

https://imaginedone.com.br/blog/inovacao-e-tecnologia/inteligencia-artificial-varejo/, Como aplicar inteligência artificial no varejo?, acessado em 01/11/2023

https://listenx.com.br/blog/inteligencia-artificial-no-varejo/, Inteligência artificial no varejo: entenda como ela pode ser aplicada na área, acessado em 01/11/2023

https://stefanini.com/pt-br/insights/artigos/7-melhores-formas-de-aplicar-a-inteligencia-artificial-no-varejo, 7 melhores formas de aplicar a Inteligência Artificial no varejo, acessado em 01/11/2023

https://www1.folha.uol.com.br/mercado/2023/06/vendas-da-shein-se-aproximam-das-grandes-redes-e-varejo-brasileiro-reage.shtml?utm_source=sharenativo&utm_medium=social&utm_campaign=sharenativo, Shein no Brasil já vende mais que a Marisa; entenda como o varejo brasileiro reage, acessado em 01/11/2023

IA no agronegócio

Os algoritmos da inteligência artificial que aprendem com os dados geram textos, imagens, vídeos, áudios e outros tipos de mídia que auxiliam os produtores rurais em diversas atividades.

A geração de imagens de satélite sintéticas permite a simulação de diversos cenários climáticos e ambientais e aprimora o planejamento agrícola.

As imagens sintéticas permitem o desenvolvimento de estratégias tanto para prevenir os riscos, quanto para explorar as oportunidades de cada safra, quanto para otimizar o uso de recursos como água, fertilizantes e defensivos.

A IA é capaz de gerar textos informativos sobre o mercado agrícola, com dados atualizados e relevantes sobre os preços, a demanda, a oferta e as tendências dos produtos agrícolas.

Os textos informativos facilitam a tomada de decisão dos produtores rurais, pois eles podem ajustar as suas estratégias conforme as informações geradas pela inteligência artificial.

A inteligência artificial é capaz de gerar vídeos explicativos sobre como usar as tecnologias digitais na agricultura (sensores, drones, máquinas autônomas, internet rural etc.).

Os vídeos podem ser utilizados no processo de capacitação e atualização dos produtores rurais.

É muito importante que o campo explore com sabedoria os benefícios da agricultura de precisão.

A inteligência artificial habilita o crescimento da eficiência, produtividade e sustentabilidade do campo.

A Alice AI é uma assistente virtual com quem o agricultor pode conversar e tirar dúvidas sobre o desempenho de qualquer processo no campo (ALICE AI: encontro do *machine learning* com a experiência de uma vida inteira no agro, https://www.solinftec.com/pt-br/alice-ai-platform/, acessado em 01/11/2023).

A coleira inteligente ajuda os pecuaristas revelando com antecedência sintomas das doenças, carências ou necessidades do rebanho.

A coleira analisa os movimentos e os sons dos animais e informa sobre sede, fome, dor, cansaço, cio etc.

A inteligência artificial analisa as informações do bando de dados do rebanho e gera índices e relatórios.

Os sensores da coleira inteligente monitoram a ruminação, a alimentação, o descanso, o exercício, a respiração etc.

A inteligência artificial interpreta os dados monitorados e gera recomendações para o produtor.
A coleira captura o comportamento do animal e a IA envia alertas sobre o cio, o momento adequado para a inseminação, a hora do parto etc.

A inteligência artificial sinaliza se o animal vai ficar doente com vários dias de antecedência.

Diversos animais escondem doença dos seus predadores, por isto a IA analisa os dados dos sinais clínicos capturados pelos sensores para fazer um diagnóstico precoce.

A coleira revela quais são os horários que o animal gosta de comer e quantas calorias ele consome durante um dia ou outro intervalo de tempo.

A coleira permite a adaptação da alimentação conforme o desejo de cada animal.

O sistema sinaliza os horários de maior nível de estresse térmico, permitindo que o pecuarista ajuste os horários de banho e ventilação.
A coleira também avalia se o animal gosta da cama e do ambiente.

Muitos pecuaristas obtiveram ganhos de produtividade entre 15 a 20% pelo endereçamento dos desejos do animal.

Referências

https://blog.bb.com.br/inteligencia-artificial-agronegocio/, Inteligência artificial para expandir o agro, acessado em 01/11/2023

https://climate.com/blog/scouting-from-the-air/, How Artificial Intelligence Can Help Farmers Scout Crops, acessado em 01/11/2023

https://golin.com.br/a-inteligencia-artificial-vai-transformar-o-agronegocio/, A Inteligência Artificial vai transformar o agronegócio, acessado em

01/11/2023

https://www.brasilagro.com.br/conteudo/agronomo-mais-velho-do-brasil-conhece-plataformas-digitais-na-agrishow.html, Agrônomo mais velho do Brasil conhece plataformas digitais na Agrishow, acessado em 01/11/2023

https://www.band.uol.com.br/agro/noticias/o-que-uma-vaca-pensa-acessorio-traduz-comportamento-e-desejos-dos-bovinos-16614422, O que uma vaca pensa? Acessório com IA traduz desejos de bovinos, acessado em 01/11/2023

IA na indústria

Um dos campos mais promissores da inteligência artificial é a síntese de imagens, ou seja, gerar imagens realistas ou artísticas a partir de uma descrição textual, um esboço ou outra imagem.

A síntese de imagens é uma ferramenta extremamente útil tanto no processo de criação de protótipos virtuais dos produtos, quanto na personalização dos "designs", quanto no teste de cores e materiais.

A IA é capaz de otimizar os processos industriais, para melhorar a eficiência, qualidade e sustentabilidade da produção.

A IA facilita a análise de dados, através da simulação de cenários e permite uma tomada de decisão mais efetiva em relação à automação de uma tarefa.

A inteligência artificial é capaz de otimizar o consumo de energia, o controle de temperatura e a manutenção preditiva das fábricas inteligentes.

Na linha de produção, a inteligência artificial analisa os dados dos sensores e câmeras e detecta anomalias e defeitos nos produtos e equipamentos.

A IA é capaz de gerar conteúdo (textos, áudios, vídeos ou outros tipos de mídia) a partir de dados ou informações.

O conteúdo pode ser educativo, informativo, publicitário, criativo etc.

A imprensa pode utilizar a IA para gerar matérias sobre o processo de inovação industrial no Brasil.

A indústria do entretenimento criou plataformas de vídeos nas redes sociais que utilizam a IA para gerar vídeos curtos e divertidos a partir de imagens, músicas, efeitos especiais etc.

A IA é uma tecnologia que oferece um enorme potencial para a indústria, pois habilita a criação de soluções novas que atendam às demandas e desafios do mercado.

Para aproveitar os benefícios da inteligência artificial é preciso investir em pesquisa, desenvolvimento e capacitação.

A IA permite a criação de modelo de produção sob demanda, digitalizado e integrado com os fornecedores que garante quase 0% de estoque, ou seja, empresa ágil.

Também é preciso trabalhar todos os aspectos éticos, legais e sociais relacionados com a governança da IA.

Referências:

https://www.avantia.com.br/blog/o-que-e-inteligencia-artificial-generativa/, O que é Inteligência Artificial Generativa?, acessado em 01/11/2023

https://www.siemens.com/br/pt/empresa/stories/tecnologia/ai-na-industria.html, Inteligência artificial na indústria: produção inteligente, acessado em 01/11/2023 https://jornaltribuna.com.br/2023/05/288185-ia-generativa-impulsiona--inovacao-industrial-no-brasil/, IA generativa impulsiona inovação industrial no Brasil, acessado em 01/11/2023

https://www1.folha.uol.com.br/mercado/2023/06/shein-diz-que-peca-brasileira-pode-ser-ate-mais-barata-que-chinesa.shtml, Shein diz que peça brasileira pode ser até mais barata que chinesa, acessado em 01/11/2023

IA no gerenciamento de projetos

Como a IA pode ser aplicada no gerenciamento de projetos?

Quais são os benefícios e os desafios dessa tecnologia para os gerentes de projetos e suas equipes?

A inteligência artificial pode trazer diversos benefícios para o gerenciamento de projetos, tanto na fase de planejamento quanto na de execução e controle. Alguns desses benefícios são:

Aumento da criatividade e da inovação

A IA pode gerar ideias novas e diferentes para os projetos, baseadas em dados, referências e critérios definidos pelo usuário.

A inteligência artificial pode sugerir nomes, logos, slogans, "designs", protótipos etc. para um projeto de marketing.

Otimização do tempo e dos recursos

A IA pode automatizar as tarefas repetitivas ou demoradas que envolvem a produção de conteúdo para os projetos (criação de documentos, relatórios, apresentações etc.).

A inteligência artificial pode adaptar o conteúdo gerado conforme a necessidade e preferência do público-alvo (idioma, estilo, formato etc.).

Melhoria da qualidade e da consistência

A IA pode verificar e corrigir erros gramaticais, ortográficos, de formatação, de coerência etc. do conteúdo gerado para o projeto.

A inteligência artificial é capaz de garantir que o conteúdo esteja alinhado com os objetivos, requisitos e expectativas do projeto e dos influenciadores.

Para usar a inteligência artificial no gerenciamento de projeto, é preciso seguir os seguintes passos:

1. Definir o tipo e propósito do conteúdo que se quer gerar, por exemplo, um texto informativo sobre o projeto ou uma imagem ilustrativa do produto ou uma música inspiradora no vídeo do projeto etc.

2. Escolher uma ferramenta ou o serviço de IA adequado: Existem diversas opções de ferramentas disponíveis no mercado, que usam diferentes técnicas e algoritmos de inteligência artificial (redes neurais artificiais, sistemas baseados em regras, sistemas evolutivos, sistemas especialistas etc.). É importante avaliar criteriosamente as características, vantagens, limitações etc. das ferramentas antes da contratação.

3. Avaliar os dados e os parâmetros de entrada para a IA: Para gerar o conteúdo desejado, a ferramenta ou serviço de inteligência artificial precisa receber diversos tipos de dados e parâmetros. Por exemplo, texto-fonte, imagem-exemplo, palavras-chave, critérios de seleção, restrições de tamanho etc.

4. Analisar e avaliar o conteúdo gerado pela IA: O conteúdo gerado pela IA precisa ser analisado e avaliado em relação a sua adequação ao propósito do projeto, a originalidade, a qualidade, a consistência etc. A inteligência artificial é capaz de modificar ou melhorar ou ajustar o conteúdo gerado.

5. Utilizar o conteúdo gerado pela IA no projeto: Após o processo de validação do conteúdo gerado pela inteligência artificial, o mesmo deve ser utilizado no projeto conforme os requisitos do planejamento. Por exemplo, publicar um texto no site do projeto ou inserir uma imagem no folder do produto ou usar a música inspiradora no vídeo promocional do projeto etc.

IA na bolsa de valores

A inteligência artificial oferece diversas possibilidades e benefícios para as empresas e investidores que atuam na bolsa de valores.

Uma das formas de usar a IA na bolsa de valores é a geração de relatórios financeiros a partir de dados históricos e atuais das empresas e do mercado.

Os relatórios podem conter informações relevantes para a análise e tomada de decisão dos investidores (indicadores financeiros, tendências, projeções, recomendações e alertas).

A IA usa as técnicas de processamento de linguagem natural para gerar textos coerentes, claros, robustos e objetivos em diferentes idiomas e formatos.

As fontes dos dados usados para gerar os relatórios devem ser obtidas de plataformas confiáveis e atualizadas, como, por exemplo, o portal B3 (https://www.b3.com.br/pt_br/, acessado em 01/11/2023).

Outra forma de usar a IA na bolsa de valores é a geração de estratégias de investimento usando os dados históricos e atuais e algoritmos complexos.

As estratégias envolvem a seleção de ativos, o cálculo dos riscos e dos retornos, a definição de metas e limites, a execução de ordens e o monitoramento dos resultados.

A IA usa as técnicas de aprendizagem de máquina (AM) para gerar estratégias adaptativas, otimizadas e personalizadas em função do perfil e dos objetivos do investidor.

Uma terceira forma de usar a IA na bolsa de valores é geração de conteúdo educativo e informativo para o público interessado em finanças e investimentos.

O conteúdo pode ser artigos, vídeos, podcasts, cursos, novidades do mercado financeiro e livros sobre conceitos básicos, dicas práticas, casos de sucesso, tendências da bolsa de valores etc.

A IA usa as técnicas de Geração de Mídia (GM) para gerar um conteúdo criativo, interessante e engajante em diversos canais e plataformas.

A inteligência artificial pode trazer mais eficiência, qualidade e inovação para as empresas e investidores que buscam se destacar em um setor extremamente competitivo e dinâmico.

Referências:

http://www.b3.com.br/pt_br/, B3, acessado em 01/11/2023

https://www.cedrotech.com/solucoes/market-data-cloud/, Market Data Cedro, acessado em 01/11/2023

IA na central de atendimento

A central de atendimento é um serviço essencial para qualquer empresa que queira oferecer um atendimento de qualidade para os seus clientes.

A central de serviços esclarece dúvidas, resolve reclamações e atende solicitações de forma rápida e eficaz.

A inteligência artificial generativa com algoritmos avançados para gerar um novo conteúdo a partir de dados existentes permite um aumento tanto da eficiência da central de atendimento, quanto da sua capacidade inovadora.

O que é a inteligência artificial generativa?

A inteligência artificial generativa é uma tecnologia que usa redes neurais artificiais para aprender padrões complexos de comportamento a partir de uma base de dados.

Através do uso da técnica chamada de aprendizado profundo (deep learning), a IA consegue analisar e sintetizar informações de forma autônoma, sem depender de regras predefinidas.

Um exemplo de inteligência artificial generativa é o ChatGPT, que usa redes neurais artificiais para gerar textos coerentes e naturais a partir de comandos dos usuários.

Basta fornecer uma instrução para que o ChatGPT retorne, em poucos segundos, com o resultado (resposta para uma pergunta, uma piada, um poema etc.).

Como a inteligência artificial generativa funciona na central de atendimento?

A inteligência artificial generativa pode ser usada na central de serviços para criar assistentes virtuais inteligentes, também conhecidos como *chatbots.*

Os assistentes podem interagir com os clientes por meio de plataformas de mensagens (WhatsApp, Facebook Messenger, chat etc.).

Os *chatbots* podem oferecer suporte imediato e de qualidade aos clientes, 24 horas por dia, sete dias por semana.

Os assistentes virtuais podem resolver problemas simples e rotineiros, como verificar o status de um pedido, enviar uma segunda via de boleto, agendar um serviço etc.

Os assistentes virtuais podem encaminhar os casos mais complexos ou delicados para os colaboradores humanos.

A vantagem da inteligência artificial generativa é que ela permite que os *chatbots* sejam flexíveis e criativos na comunicação com os clientes.

Eles são capazes de entender diferentes formas de expressão, de idiomas etc., ou seja, são capazes de adaptar-se ao contexto e perfil do cliente.

Em outras palavras, os assistentes virtuais generativos geram respostas personalizadas e originais.

Como um assistente virtual generativo funciona na prática?

Um cliente quer saber se há um desconto disponível para um determinado produto.

O *chatbot* gera uma resposta como: “Olá, obrigado pelo seu interesse em nosso produto. Temos uma ótima notícia para você: se você comprar agora pelo nosso site, você ganha 10% de desconto e frete grátis. Aproveite essa oportunidade única e faça seu pedido agora mesmo”.

Um cliente quer cancelar um serviço que contratou. O *chatbot* pode gerar uma resposta como: “Sentimos muito que você queira cancelar o seu serviço conosco. Você poderia nos dizer o motivo do seu cancelamento? Queremos entender melhor as suas necessidades e oferecer a melhor solução para você”.

Um cliente quer fazer uma reclamação sobre um produto defeituoso que recebeu. O chatbot pode gerar uma resposta como: “Pedimos desculpas pelo transtorno causado pelo produto defeituoso que você recebeu. Estamos aqui para ajudá-lo a resolver esse problema da melhor forma possível. Por favor, nos informe o número do seu pedido e o defeito apresentado pelo produto”.

Quais são as vantagens da inteligência artificial generativa para a central de serviços?

A inteligência artificial generativa pode trazer diversas vantagens tanto para a central de atendimento, quanto para os clientes, quanto para as empresas.

Melhoria da experiência do cliente

Os clientes podem ter as suas necessidades atendidas rapidamente e com satisfação, sem precisar esperar no telefone ou enviar e-mails.

Um bom atendimento faz com que os clientes se sintam mais valorizados pela marca e em muitos casos aumenta o nível de engajamento.

Aumento da eficiência e produtividade

Os *chatbots* atendem com efetividade vários clientes simultaneamente e por causa disto eles reduzem o tempo médio de espera e a quantidade de chamados.

Os assistentes virtuais generativos, permitem a liberação dos agentes humanos para as tarefas mais estratégicas e desafiadoras.

Redução do custo operacional

Os chatbots reduzem os custos com infraestrutura, pessoal e treinamento e aumentam as receitas ao gerar oportunidades de vendas cruzadas ou de aumento do ticket médio dos clientes.

Aumento da inovação e do nível de competitividade

Os chatbots diferenciam a empresa no mercado através de um atendimento moderno, diferenciado e personalizado.

Os assistentes virtuais generativos geram informações comerciais valiosas a partir dos dados coletados nas interações com os clientes.

Conclusões

A inteligência artificial generativa é uma tecnologia que transformou a central de atendimento pela criação de assistentes virtuais capazes de gerar um conteúdo inédito e relevante para os clientes.

Ela melhora a experiência do cliente, aumenta a efetividade e produtividade da central de serviços, reduz os custos operacionais, impulsiona a inovação e competitividade da empresa etc.

Referências

https://canaltech.com.br/inteligencia-artificial/o-que-e-ia-generativa/, O que é IA generativa?, acessado em 01/11/2023

https://epocanegocios.globo.com/tudo-sobre/noticia/2023/04/afinal-o-o-que-e-inteligencia-artificial-generativa-e-como-ela-funciona-entenda.ghtml, Afinal, o que é inteligência artificial generativa e como ela funciona? Entenda, acessado em 01/11/2023

https://www.tecmundo.com.br/software/262572-inteligencia-artificial-generativa.htm, O que é inteligência artificial generativa?, acessado em 01/11/2023

IA no governo

Quais são os benefícios e desafios de implementar a tecnologia de inteligência artificial na administração pública?

Uma das possíveis aplicações da IA no governo é a geração de documentos oficiais, como leis, decretos, relatórios, pareceres e outros tipos de textos jurídicos e administrativos.

Estes documentos em geral seguem uma estrutura e linguagem padronizada.

A geração automática de documentos reduz a quantidade de erros e inconsistências e economiza tempo e recursos humanos.

Um sistema de inteligência artificial pode gerar um projeto de lei sobre a regulamentação da IA no governo com base nos parâmetros definidos pelos legisladores (objetivos, princípios, espírito da lei etc.).

A IA é capaz de gerar conteúdo informativo e educativo para a população com custo muito baixo (campanhas de vacinação, saúde, segurança no trânsito, meio ambiente, cidadania etc.).

Os conteúdos podem ser adaptados, personalizados pela inteligência artificial para diferentes públicos e vários segmentos da sociedade.

A IA é capaz de criar um conteúdo atrativo e persuasivo para aumentar o nível de engajamento e conscientização dos cidadãos.

Foi revelado que a inteligência artificial é capaz de criar um conteúdo altamente convincente em larga escala ("Devemos banir a inteligência artificial nas eleições?", https://www1.folha.uol.com.br/colunas/ronaldolemos/2023/06/devemos-banir-a-inteligencia-artificial-nas-eleicoes.shtml, acessado em 01/11/2023).

Por exemplo, um sistema de inteligência artificial pode gerar um vídeo sobre a importância da vacinação contra a covid-19, usando imagens e vozes sintéticas que se assemelham aos líderes comunitários ou às celebridades locais.

A inteligência artificial pode gerar dados sintéticos para fins de pesquisa e análise pelo governo.

Os dados sintéticos são dados artificiais que imitam as características e as relações dos dados reais, mas sem revelar informações sensíveis ou confidenciais.

Os dados sintéticos podem ser usados para testar hipóteses, simular cenários, treinar modelos, avaliar políticas públicas etc. sem violar a privacidade ou a segurança dos indivíduos ou das organizações envolvidas.

A IA pode gerar um conjunto de dados sintéticos sobre a renda e o consumo das famílias brasileiras, usando dados reais do Instituto Brasileiro de Geografia e Estatística (IBGE) como base, mas sem expor os dados pessoais das famílias.

A IA no governo gera desafios e riscos que devem ser considerados com cuidado na governança da inteligência artificial.

Um dos principais desafios é garantir a geração de conteúdo com qualidade e confiabilidade pela IA.

O conselho curador da IA, precisa assegurar que os documentos, o conteúdo e os dados gerados pela inteligência artificial são corretos, coerentes, relevantes e atualizados.

Os processos da governança da inteligência artificial precisam evitar que a IA produza conteúdo falso, enganoso ou ofensivo.

O conselho curador tem a responsabilidade de verificar a autoria e a fonte do conteúdo geradas pela IA.

A governança da inteligência artificial é responsável pelo desenvolvimento dos mecanismos de validação, verificação e rastreamento do conteúdo gerado pela IA.

O principal papel da organização da governança da inteligência artificial é garantir a ética e a responsabilidade no uso da IA no governo.

A organização da governança da inteligência artificial deve trabalhar com afinco para evitar que a IA no governo seja usada para fins ilícitos (manipulação, fraude ou espionagem).

A IA não pode ser usada para violar os direitos humanos de liberdade de expressão, privacidade, dignidade etc.

A governança da inteligência artificial deve traçar políticas públicas para evitar que a IA seja usada para ampliar as desigualdades sociais (discriminação, exclusão etc.).

Em outras palavras, a governança da inteligência artificial exige o desenvolvimento de normas, leis e regulamentos.

IA na transformação digital

A transformação digital é o processo de usar tecnologias digitais para criar ou modificar os processos, produtos, serviços e modelos de negócio existentes, visando atender às necessidades e expectativas dos clientes e influenciadores.

A transformação digital envolve uma mudança cultural e organizacional que exige visão estratégica, liderança, colaboração e adaptação contínua.

A IA e a transformação digital estão intimamente relacionadas e se retroalimentam.

A inteligência artificial é um dos principais habilitadores da transformação digital, pois permite criar soluções inovadoras e personalizadas que geram valor para os clientes e diferenciam as organizações no mercado.

A transformação digital cria um ambiente favorável para o desenvolvimento e aplicação da IA, pois ela gera dados, infraestrutura e demanda para o uso da inteligência artificial.

Exemplos de como a inteligência artificial pode contribuir para a transformação digital.

A IA pode melhorar a experiência do cliente, oferecendo serviços personalizados, recomendações, assistentes virtuais e *chatbots* que interagem com os clientes de forma natural e inteligente. Por exemplo:

- Algoritmos de IA que recomendam filmes e séries com base nas preferências dos usuários.

- Empresas de comércio eletrônico que usam assistentes virtuais para facilitar as compras online e oferecer outros serviços.

- Bancos que usam *chatbots* para atender os clientes de forma rápida e eficiente.

A IA é capaz de otimizar os processos internos, automatizar as tarefas repetitivas ou complexas, aumentar a precisão, a velocidade e a qualidade dos resultados. Por exemplo:

- Empresa que usa a IA para traduzir textos e vídeos para diferentes idiomas.

- Empresa que usa a IA para analisar grandes volumes de dados e extrair informações relevantes.

- Empresa que usa a IA para otimizar as rotas e o preço dos deslocamentos.

A inteligência artificial é capaz de apoiar a tomada de decisão, fornecendo "insights" e análises preditivas que ajudam os gestores a identificar as oportunidades, as ameaças, as forças, as fraquezas, os riscos e as tendências. Por exemplo:

- Empresa de streaming que usa a IA para prever o comportamento dos usuários e sugerir novas músicas.

- Empresa que usa a IA para detectar fraudes e ataques cibernéticos.
- Empresa que usa a IA para monitorar o mercado e ajustar as estratégias de marketing.

A IA é capaz de impulsionar a inovação, facilitar a criação de novos produtos, serviços e modelos de negócio. Por exemplo:

- Empresas do setor automobilístico que usam a IA para desenvolver carros autônomos.
- Empresas do setor de hospedagem que usam a IA para conectar hóspedes e anfitriões.
- Empresas de streaming que usam a IA para criar conteúdo original com base no gosto dos usuários.

Para aproveitar os benefícios da IA na era da transformação digital, as organizações precisam adotar uma abordagem estratégica e holística que considere os aspectos técnicos, éticos, legais e sociais da IA.

As organizações precisam investir em talentos, capacitação, cultura e governança da IA para integrar os objetivos da inteligência artificial com os valores e as necessidades dos clientes e influenciadores.

IA nos NFTs

A inteligência artificial está revolucionando o universo da arte digital, especialmente no campo dos NFTs (Non-Fungible Tokens).

Os NFTs são ativos digitais únicos e verificáveis que podem representar qualquer tipo de conteúdo, como imagens, vídeos, músicas, jogos etc.

Para garantir a autenticidade e propriedade, os ativos digitais são armazenados em redes blockchain.

Uma das aplicações mais interessantes da IA na arte NFT é a geração de imagens a partir de um texto ou de imagens.

As pessoas podem usar palavras ou fotos como entrada para o algoritmo de IA que criará uma obra de arte digital nova. Por exemplo:

O artista pode digitar "camelo com asas de borboleta" ou enviar uma foto do seu pé e obter uma imagem gerada por IA que corresponda à descrição ou que transforme o pé em algo diferente.

Essa tecnologia abre um mundo de possibilidades para os criadores de arte digital.

Os artistas e as pessoas comuns podem usar a inteligência artificial IA como uma ferramenta para expressar sua criatividade e originalidade.

Os artistas podem publicar as suas obras de arte geradas por inteligência artificial como NFTs na rede blockchain.

É possível monetizar o trabalho realizado e alcançar um público localizado em todas as partes do globo terrestre.

Como a inteligência artificial gera imagens NFT?

A IA gera imagens NFT usando algoritmos de aprendizado profundo, que são capazes de aprender padrões e características a partir de um conjunto grande de dados.

Os algoritmos podem ser classificados nas seguintes categorias: Convolutional Neural Networks (CNNs) e Generative Adversarial Networks (GANs).

As CNNs são redes neurais artificiais que consistem em várias camadas de unidades de processamento chamadas neurônios.

Cada neurônio recebe uma entrada (por exemplo, um pixel de uma imagem) e produz uma saída (por exemplo, um valor numérico) com base em uma função matemática.

As camadas são conectadas entre si de forma que a saída de uma camada se torne a entrada da próxima.

As CNNs são especialmente boas para processar imagens, pois podem detectar bordas, formas, cores e outros recursos visuais.

As GANs são um tipo especial de CNNs, ou seja, elas são duas redes concorrentes: um gerador e um discriminador.

O gerador cria imagens novas e realistas a partir de um ruído aleatório ou de uma entrada textual ou visual.

O discriminador faz a distinção entre as imagens reais (conjunto de dados) e as falsas (gerador).

O objetivo é que o gerador engane o discriminador, fazendo com que ele classifique as imagens falsas como reais.

Neste processo, o gerador aprende a gerar imagens cada vez mais parecidas com as reais.

As GANs são usadas para gerar imagens NFT porque elas podem produzir imagens originais e diversificadas que não existem no conjunto de dados original.

As GANs podem combinar diferentes estilos e elementos artísticos para criar obras únicas e inovadoras.

Quais são as vantagens do uso da IA para gerar imagens NFT?

A inteligência artificial oferece as seguintes vantagens para os criadores de arte digital que querem gerar imagens NFT:

Acessibilidade

A IA permite que qualquer pessoa, independentemente da experiência ou habilidade artística, crie obras de arte digitais usando um texto ou imagens como entrada, ou em outras palavras, a IA incentiva a participação e a diversidade no ecossistema NFT.

Criatividade

A IA pode ser usada como uma fonte de inspiração e experimentação para os artistas digitais, que podem explorar novas ideias e combinações usando a IA como uma ferramenta.

A inteligência artificial pode gerar resultados inesperados e originais que desafiam as expectativas das pessoas e ampliam os horizontes criativos dos artistas.

Autenticidade

A IA pode garantir a autenticidade das obras de arte digitais geradas por ela, pois elas são únicas e não podem ser copiadas ou reproduzidas facilmente.

Ao publicar as suas obras como NFT na rede *blockchain*, os artistas podem provar a propriedade e autoria delas.

Eles também podem proteger as suas criações contra falsificações e violações de direitos autorais.

Exemplos de uso da IA na geração de imagens NFT

Existem vários projetos que estão usando a IA para gerar imagens NFT, cada um com seu próprio estilo e propósito. Por exemplo:

O Bixel (Unlock your creativity Create & trade digital NFT artwork instantly, https://www.binance.com/en/nft/bicasso, acessado em 01/11/2023) é um gerador de imagens NFT que utiliza a IA para permitir que os usuários criem artes digitais exclusivas, com base em entradas predefinidas.

A plataforma Art Blocks (https://www.artblocks.io/, acessado em 01/11/2023) permite que os artistas codifiquem algoritmos generativos e criem NFTs dinâmicas. Cada NFT é única e ela sofre variações em função dos parâmetros escolhidos pelo comprador.

A plataforma Artbreeder (https://www.artbreeder.com/, acessado em 01/11/2023) permite que os usuários criem e misturem imagens usando GANs.

A plataforma This X Does Not Exist (https://thisxdoesnotexist.com/, acessado em 01/11/2023) usa GANs para criar versões falsas realistas de quase tudo e os artistas podem criar NFTs de quase tudo.

Conclusão

A inteligência artificial está mudando a forma como a arte digital é criada, vendida e apreciada.

Os algoritmos são capazes de gerar imagens originais e surpreendentes a partir de um texto ou de imagens.

Os artistas digitais podem explorar formas novas de expressão e inovação.

Ao publicar as obras como NFTs na rede *blockchain*, os artistas garantem a sua autenticidade e propriedade.

As questões éticas envolvendo o uso da inteligência artificial na arte NFT precisam ser endereçadas pela governança da IA.

Foi revelado que os artistas processaram as plataformas Stable (Stability IA), Midjourney e DeviantArt por violação de direitos autorais (Artistas processam empresas que geram arte com IA por violação de direitos autorais, https://g1.globo.com/tecnologia/noticia/2023/01/18/artistas-processam-empresas-que-geram-arte-com-ia-por-violacao-de-direitos-autorais.ghtml, acessado em 01/11/2023).

É preciso garantir os direitos autorais dos artistas humanos cujos estilos são imitados pela IA.

É preciso lidar com o risco ambiental do elevado consumo energético da rede *blockchain.*

Estes temas são alguns exemplos de assuntos que precisam ser discutidos dentro do escopo da governança da inteligência artificial com a comunidade artística e sociedade.

Referências

https://www.binance.com/en/nft/bicasso, Bixel Unlock your creativity Create & trade digital NFT artwork instantlyGenerate an AI Image, acessado em 01/11/2023

https://www.nft-blog.it/pt/2022/12/08/crie-belos-nfts-em-minutos-com-esses-geradores-artisticos-de-ia/, Crie belos NFTs em minutos com esses geradores artísticos de IA, acessado em 01/11/2023

https://artblocks.io/, Art Blocks, acessado em 01/11/2023

https://sigmoidal.ai/nft-e-artes-criadas-por-inteligencia-artificial/, NFT e artes criadas por Inteligência Artificial, acessado em 01/11/2023

https://academy.binance.com/pt/articles/how-will-ai-impact-the-nft-art-ecosystem, Como a inteligência artificial (IA) impactará o ecossistema de arte NFT?, acessado em 01/11/2023

https://www.scielo.br/j/ea/a/c4sqqrthGMS3ngdBhGWtKhh/, Inteligência Artificial e sociedade: avanços e riscos, acessado em 01/11/2023

https://www.moneytimes.com.br/plataforma-de-nfts-art-blocks-bate-recorde-com-venda-de-nft-por-us-58-milhoes/, Plataforma de NFTs Art Blocks bate recorde com venda de NFT por US$ 5,8 milhões, acessado em 01/11/2023

https://medium.com/renova-inova/art-blocks-e-a-arte-generativa-nfts-desenvolvidos-por-artistas-mas-criados-por-algoritmos-26e2f534c8e5, Art Blocks e a Arte Generativa: NFTs desenvolvidos por artistas, mas criados por algoritmos, acessado em 01/11/2023

https://towardsdatascience.com/artbreeder-draw-me-an-electric-sheep-841babe80b67, Artbreeder. Draw me an Electric Sheep, acessado em 01/11/2023

IA na proteção ambiental

A inteligência artificial é uma tecnologia que permite criar um sistema capaz de aprender, raciocinar e resolver problemas de forma autônoma ou semiautônoma.

O meio ambiente é um bem comum de todos os seres vivos e está ameaçado por diversos fatores (aquecimento global, poluição atmosférica, desmatamento, perda da biodiversidade, degradação dos ecossistemas etc.).

Para enfrentar os fatores que estão ameaçando o meio ambiente é preciso desenvolver soluções inovadoras, eficientes e sustentáveis para monitorar, prevenir e mitigar os impactos ambientais causados pela atividade humana.

A inteligência artificial é uma poderosa aliada na preservação ambiental, pois ela ajuda nas seguintes dimensões:

Melhoria dos modelos climáticos e das previsões meteorológicas pelo uso de algoritmos de aprendizado de máquina que analisam volumes gigantescos de dados sobre a atmosfera, oceanos, superfície terrestre, gelo etc.

Detecção e combate da caça e o tráfico de animais silvestres pelo uso de sensores inteligentes, câmeras, drones etc. Todos os equipamentos têm um sistema de reconhecimento facial e de voz para identificar e rastrear os infratores.

Redução dos impactos socioambientais das empresas pela otimização dos processos e uso de simuladores para: (i) aumentar a efetividade energética,

(ii) melhorar o uso de materiais recicláveis e biodegradáveis, (iii) melhorar a efetividade da gestão de resíduos e (iv) reduzir as emissões de gases de efeito estufa.

Promoção da educação ambiental para conscientizar a sociedade sobre a degradação ambiental usando plataformas digitais interativas, jogos educativos, assistentes virtuais e *chatbots* para disseminar informações, orientações e boas práticas sobre a preservação do meio ambiente.

A IA não é uma solução mágica ou infalível para a proteção ambiental, pois ela gera riscos e desafios éticos, sociais e legais para:

- Privacidade dos dados
- Responsabilização pelos danos
- Transparência dos algoritmos
- Inclusão digital

A governança da inteligência artificial tem a missão de criar uma regulamentação para garantir o uso ético, seguro e sustentável da IA.

Referências

https://tab.uol.com.br/noticias/redacao/2019/06/25/como-a-inteligencia-artificial-pode-ajudar-a-combater-mudancas-climaticas.htm#:~:text=Entre%20as%20principais%20contribui%C3%A7%C3%B5es%20da%20intelig%C3%AAncia%20artificial%20apontadas,de%20forma%20muito%20mais%20r%C3%A1pida.%20...%20Mais%20itens, Como a inteligência artificial pode ajudar a combater mudanças climáticas, acessado em 01/11/2023

https://arxiv.org/abs/1906.05433, Tackling Climate Change with Machine Learning, acessado em 01/11/2023

https://unesdoc.unesco.org/ark:/48223/pf0000381137_por, Recomendação sobre a Ética da Inteligência Artificial, acessado em 01/11/2023

https://www.revistas.usp.br/eav/article/view/185024, Inteligência Artificial e sociedade: avanços e riscos, acessado em 01/11/2023

IA na moeda soberana digital

A IA pode ajudar na melhoria da eficiência, transparência e inclusão financeira.

A inteligência artificial tem impacto significativo na Moeda Soberana Digital (MSD), ou seja, dinheiro emitido pelo banco central de um país que utiliza a tecnologia *blockchain* para garantir sua segurança, rastreabilidade e interoperabilidade.

A MSD oferece diversas vantagens em relação ao dinheiro físico, meios de pagamento tradicionais etc.

A MSD reduz os custos das transações, facilita o acesso aos serviços financeiros, aumenta a velocidade e conveniência das operações e promove a inovação.

A IA desempenha um papel importante na criação e manutenção da MSD de diversas maneiras:

A IA ajuda na concepção e implementação da MSD, através de algoritmos que analisam os dados do mercado, economia e consumidores.

A inteligência artificial é capaz de definir as características ótimas da moeda digital (forma, valor, taxa de juros e regras de emissão e distribuição etc.).

A IA oferece uma enorme ajuda no processo de determinação da demanda potencial pela MSD, do impacto esperado na inflação e crescimento econômico e do nível de privacidade e anonimato adequado dos usuários.

A IA é uma importante ferramenta para a melhoria da gestão e controle da MSD (sistemas que monitorizam o funcionamento da rede *blockchain*, detectam anomalias, fraudes e ataques cibernéticos e aplicam medidas corretivas ou preventivas).

A inteligência artificial é capaz de verificar de forma autônoma a autenticidade e segurança das transações (identificação de comportamentos suspeitos ou maliciosos, geração de alertas ou bloqueios em caso de necessidade etc.).

A IA facilita a utilização da MSD pelos cidadãos e pelas empresas, por meio de interfaces inteligentes que simplificam o processo de pagamento, fornecem informações personalizadas e relevantes e oferecem serviços adicionais, como investimento e crédito.

A IA ajuda no processo de identificação dos usuários por meio de biometria ou voz, sugere as melhores opções de pagamento ou investimento com base no perfil e nas preferências do usuário etc.

A inteligência artificial aumenta o potencial dos benefícios sociais e ambientais da MSD, através de mecanismos que incentivam comportamentos positivos (consumo sustentável, solidariedade, participação cívica etc.).

É possível criar com a inteligência artificial um programa de incentivo ou recompensa para os usuários que adotam práticas ecológicas ou sociais responsáveis (uso de energia renovável, doações para causas humanitárias etc.).

A MSD exige a criação colaborativa do banco central com os reguladores, prestadores de serviços financeiros, investigadores, desenvolvedores, usuários finais etc.

A IA pode ser uma ferramenta valiosa para facilitar a colaboração e para tornar a MSD uma realidade que beneficia toda a sociedade.

Referências

https://www.europarl.europa.eu/doceo/document/A-9-2022-0088_PT.html, RELATÓRIO sobre a inteligência artificial na era digital, acessado em 01/11/2023

https://br.beincrypto.com/lista-traz-5-criptomoedas-baseadas-em-ia-para-investir-em-2023, Lista traz 5 criptomoedas baseadas em IA para investir em 2023, acessado em 01/11/2023

IA no *blockchain*

O *blockchain* é uma tecnologia que permite a criação de redes descentralizadas, seguras e transparentes, onde as transações são registradas em blocos encadeados e validadas por uma rede de participantes.

A inteligência artificial é uma tecnologia que permite a criação de sistemas capazes de aprender, analisar e tomar decisões a partir dos dados.

Como a inteligência artificial e o *blockchain* se complementam?

A inteligência artificial pode analisar os dados armazenados no *blockchain* e gerar "insights", previsões e recomendações.

O *blockchain* pode garantir a confiabilidade, rastreabilidade e imutabilidade dos dados usados pela inteligência artificial, aumentando a confiança e a transparência do sistema.

A inteligência artificial pode otimizar o funcionamento do *blockchain* pela redução do consumo de energia, melhoria do processo de consenso e aumento da escalabilidade.

O *blockchain* pode facilitar a colaboração e o compartilhamento de dados e modelos entre diferentes agentes de inteligência artificial, criando ecossistemas descentralizados e incentivados.

A inteligência artificial é capaz de resolver os problemas de escalabilidade, privacidade, segurança e interoperabilidade da rede *blockchain.*

Quais as vantagens da integração da inteligência artificial com a rede *blockchain*?

- Melhoria da eficiência e a qualidade dos processos e serviços.
- Redução dos custos e dos riscos operacionais.
- Aumento da segurança e da privacidade dos dados e dos usuários.
- Promoção da inovação e da competitividade.
- Criação de modelos novos de negócios e de valor.

A integração da IA com a rede *blockchain* permite a criação de formas de organização social novas mais eficientes, justas, democráticas e sustentáveis.

Quais são os casos de aplicação da inteligência artificial na rede *blockchain*?

No setor financeiro, a inteligência artificial é usada para detectar fraudes, avaliar riscos, oferecer crédito e gerenciar investimentos, enquanto a rede *blockchain* é usada para realizar transações seguras, rápidas e baratas, usando criptomoedas ou tokens.

A plataforma Neural AI (https://neuralaicoin.com/, acessado em 01/11/2023) usa a inteligência artificial para fazer previsões sobre o mercado de criptomoedas.

No setor de saúde, a inteligência artificial pode ser usada para diagnosticar doenças, recomendar tratamentos, monitorar pacientes e pesquisar medicamentos, enquanto a rede *blockchain* pode ser usada para armazenar e compartilhar registros médicos, garantir a procedência dos medicamentos e facilitar o pagamento dos serviços.

No setor de energia, a inteligência artificial pode ser usada para otimizar o consumo, a distribuição e a geração de energia, enquanto a rede *blockchain* pode ser usada para criar redes inteligentes, que permitam que consumidores produzam e vendam energia renovável de forma descentralizada.

Um exemplo são as soluções da Verv (https://verv.energy/, acessado em 01/11/2023) que usam a inteligência artificial e a rede *blockchain* para medir o consumo de energia em tempo real.

No setor de educação, a inteligência artificial pode ser usada para personalizar o ensino, avaliar o desempenho dos alunos e professores e oferecer "feedback" aos alunos, enquanto a rede blockchain pode ser usada para certificar as competências, os diplomas e os cursos realizados pelos alunos.

Conclusões

A integração da inteligência artificial com a rede *blockchain* permite a criação de soluções inovadoras para diversos problemas e desafios da sociedade.

A integração destas duas tecnologias gera diversos benefícios para as empresas e pessoas:

- Aumento da eficiência, qualidade, segurança, privacidade, inovação e competitividade.
- Redução da emissão de carbono.
- Criação de modelos de negócios e de valor novos que podem transformar diversos setores da economia.

Referências

https://www.neureal.net/, What is Neureal?, acessado em 01/11/2023

https://verv.energy/, Verv, acessado em 01/11/2023

https://singularitynet.io/, SingularityNET, acessado em 01/11/2023

https://coinmarketcap.com/pt-br/currencies/neural-ai/, What Is Neural AI?, acessado em 01/11/2023

https://www.innoenergy.com/discover-innovative-solutions/online-marketplace-for-energy-innovations/verv-connect/, Blockchain-based renewable energy trading, a budgeting function, high-frequency appliance disaggregation in real time, acessado em 01/11/2023

IA na segurança digital

A segurança digital é um tema cada vez mais relevante na sociedade contemporânea, pois ela envolve a privacidade, confidencialidade e integridade das informações.

A segurança digital é uma atividade essencial na prevenção e combate dos ataques cibernéticos.

A IA é uma poderosa aliada da segurança digital, pois ela oferece ferramentas capazes de analisar grandes volumes de dados, identificar padrões e anomalias, detectar e neutralizar ameaças e aprender com a experiência.

Aplicações da IA na segurança digital

Autenticação biométrica

Uso das características físicas ou comportamentais do usuário para verificar sua identidade e conceder acesso a sistemas ou serviços.

Reconhecimento facial, voz ou impressão digital são exemplos de uso da inteligência artificial na autenticação biométrica.

A IA melhora a precisão e rapidez da autenticação biométrica, por exemplo, o usa de uma câmera infravermelha e de um sensor de profundidade permite que a inteligência artificial reconheça o rosto do usuário e libere o acesso.

Antivírus inteligente

Software que usa os algoritmos de IA para detectar e eliminar vírus, malwares e outras ameaças que podem infectar dispositivos ou redes.

O antivírus inteligente é capaz de se atualizar automaticamente e de reconhecer novos tipos de ataques, ou seja, o antivírus não depende de atualizações manuais ou assinaturas.

O antivírus inteligente usa o aprendizado de máquina e a análise comportamental para proteger os dispositivos dos usuários contra ameaças conhecidas e desconhecidas.

Firewall adaptativo

É um dispositivo ou programa que controla o tráfego de dados entre redes ou sistemas, permitindo ou bloqueando a comunicação de acordo com regras estabelecidas.

A IA tornou o firewall mais eficiente e flexível, pois ele pode aprender com o comportamento dos usuários e das redes, e ajustar as regras dinamicamente conforme as necessidades e riscos.

O firewall adaptativo usa a inteligência artificial para monitorar o tráfego de rede e aplicar políticas de segurança.

Análise forense

A análise forense é o processo de investigar e coletar evidências sobre atividades ilícitas ou suspeitas na rede.

A IA é uma ferramenta poderosa, pois ela é capaz de: (i) processar e analisar uma grande quantidade de dados, (ii) extrair informações relevantes, (iii) identificar conexões e padrões e (iv) gerar relatórios detalhados.

A análise forense usa a inteligência artificial para detectar e analisar incidentes de segurança e gerar recomendações para a sua solução.

A IA também representa um desafio para a segurança digital, pois ela pode ser usada por malfeitores, criminosos etc. para realizar ataques sofisticados que são difíceis de detectar.

A governança da IA, precisa trabalhar para desenvolver uma inteligência artificial ética e responsável, que respeite os direitos humanos e os princípios da segurança da informação.

Referências:

https://support.apple.com/pt-br/HT208108, Sobre a tecnologia avançada do Face ID, acessado em 01/11/2023

https://www.cisco.com/c/pt_br/products/security/adaptive-security-appliance-asa-software/index.html, Resiliência em segurança de TI para enfrentar o imprevisível, acessado em 01/11/2023

IA no COBIT

O COBIT é um "framework" de governança e gestão de Tecnologia de Informações e Comunicações (TIC) que integra as práticas de TIC, a otimização do uso dos recursos, a mitigação dos riscos e a entrega de valor para os influenciadores com as estratégias empresariais do negócio.

O COBIT é composto por cinco domínios: Evaluate, Direct and Monitor (EDM), Align, Plan and Organize (APO), Build, Acquire and Implement (BAI), Deliver, Service and Support (DSS) e Monitor, Evaluate and Assess (MEA).

A aplicação da inteligência artificial no COBIT pode trazer diversos benefícios para a organização de tecnologia.

Melhoria da análise de dados e geração de "insights" para apoiar a tomada de decisão estratégica e operacional.

A IA é capaz de identificar as tendências do mercado, as preferências dos clientes e usuários e as oportunidades de negócio.

Automação dos processos e tarefas repetitivas para aumentar a efetividade e a qualidade dos serviços de TIC.

A IA pode automatizar o atendimento ao cliente, o gerenciamento de incidentes, a abertura e monitoramento dos chamados, os testes de softwares etc.

Aprimoramento da segurança da informação e a gestão de riscos pela maior precisão do processo de detecção em tempo real de ameaças, vulnerabilidades e incidentes.

A IA pode ser usada para monitorar o tráfego de rede, o comportamento dos sistemas e usuários e os eventos anômalos.

Inovação e criação de produtos e serviços novos que enderecem as necessidades dos cinco domínios do COBIT.

A IA pode criar aplicativos personalizados, *chatbots* inteligentes e assistentes virtuais para facilitar e agilizar o trabalho dos responsáveis de cada um dos domínios do COBIT.

A governança da IA, precisa criar regras para: (i) garantir a ética, transparência e responsabilização da inteligência artificial no COBIT e (ii) evitar vieses, discriminações e violações de privacidade.

A inteligência artificial no COBIT deve respeitar os princípios morais, os direitos humanos e as leis vigentes.

A governança da IA, deve criar regras para o desenvolvimento das competências e as habilidades dos profissionais de TIC (promoção da capacitação e do aprendizado contínuo).

Gerenciamento da mudança organizacional, cultural e da dissonância cognitiva.

A IA impacta os "stakeholders", por isto é preciso conscientizar os influenciadores sobre os benefícios e os riscos da inteligência artificial no COBIT para conseguir o engajamento deles nas atividades de planejamento e implementação da IA no "framework".

Em outras palavras, é preciso definir uma estratégia clara e alinhada com o negócio para: (i) implementar a inteligência artificial no COBIT, (ii) estabelecer a governança da IA no COBIT (papéis, responsabilidades e indicadores bem definidos), (iii) avaliar os benefícios e os riscos da IA no COBIT (aspectos técnicos, legais, éticos e sociais), (iv) selecionar uma solução de IA adequada para todos os domínios do COBIT (necessidades e requisitos dos processos) e (v) monitorar e avaliar o desempenho e valor da IA no COBIT (auditoria, revisão e melhoria contínua).

IA no Six Sigma

O Six Sigma é uma metodologia de gestão de qualidade que tem como objetivo reduzir a variabilidade dos processos e eliminar os defeitos que prejudicam a satisfação dos clientes.

O Six Sigma utiliza ferramentas estatísticas e analíticas para identificar a causa raiz do problema (ou causas raízes dos problemas), para medir o desempenho dos processos e para implementar soluções de melhoria contínua.

A inteligência artificial permite a simulação da inteligência humana por meio de algoritmos e sistemas computacionais.

A IA aprende com dados, reconhece padrões, toma decisões e resolve problemas de forma autônoma ou assistida.

A combinação da inteligência artificial com o Six Sigma traz diversos benefícios para as organizações que querem otimizar seus processos e aumentar sua competitividade.

A IA ajuda na definição do: (i) escopo, (ii) objetivos, (iii) clientes e (iv) requisitos do projeto.

A inteligência artificial usa as técnicas de processamento de linguagem natural e análise de dados e informações para extrair para o projeto as informações relevantes existentes nos textos, áudios, imagens etc.

A IA pode analisar em conjunto com o Six Sigma, os comentários dos pacientes de um hospital nas redes sociais e identificar as principais reclamações e sugestões.

A IA é capaz de coletar, armazenar e analisar os dados dos processos do Six Sigma (big data e *machine learning*) para "lidar" com um grande volume de dados estruturados e não estruturados, ou seja, ela aplica modelos estatísticos para encontrar correlações e "insights".

A inteligência artificial é capaz de monitorar todas as transações financeiras de um banco e detectar em tempo real usando os processos do Six Sigma as fraudes ou anomalias.

A IA é capaz de identificar usando as técnicas do Six Sigma, as causas raízes dos problemas (mineração de dados e *deep learning*) para detectar anomalias e gerar hipóteses.

Na indústria, a inteligência artificial analisa usando os processos do Six Sigma, os dados de sensores das máquinas e identifica as principais fontes de falhas ou perdas.

A IA descomplica a implementação de soluções de melhoria contínua do Six Sigma (otimização e aprendizado por reforço), pois ela facilita tanto a identificação das melhores alternativas para alcançar os objetivos, quanto a testagem dos cenários e quanto a execução das mudanças necessárias.

Em uma empresa de serviços logísticos, a inteligência artificial é capaz de otimizar usando o Define, Measure, Analyze, Improve e Control (DMAIC), as rotas dos entregadores e ajustá-las em tempo real conforme o trânsito ou as demandas dos clientes.

A IA é capaz de monitorar e avaliar os resultados dos processos do DMAIC, usando as técnicas de visualização de dados e aprendizado supervisionado, tanto para criar um painel de controle interativo, quanto para gerar relatórios e alertas, quanto para validar os benefícios conquistados.

A inteligência artificial é capaz de criar gráficos para os processos do DMAIC, que mostram o impacto das melhorias nos indicadores de qualidade, produtividade e lucratividade.

A inteligência artificial no Six Sigma é uma tendência que vem ganhando cada vez mais espaço nas organizações que desejam se manter na vanguarda da inovação e da qualidade.

A IA é uma aliada poderosa para o Six Sigma, desde que ela seja aplicada com critério, ética e responsabilidade.

Referências

http://www.iea.usp.br/publicacoes/ebooks/inteligencia-artificial, Inteligência Artificial: Avanços e Tendências, acessado em 01/11/2023

https://sjcjycl.cn/article/view-2023/pdf/03_290.pdf, BIG DATA ANALYTICS FOR FRAUD DETECTION IN FINANCIAL TRANSACTIONS, acessado em 01/11/2023

https://www.researchgate.net/publication/354854477_Modeling_Lean_and_Six_Sigma_Integration_using_Deep_Learning_Applied_to_a_Clothing_Company, Modeling Lean and Six Sigma Integration using Deep Learning: Applied to a Clothing Company, acessado em 01/11/2023 https://www.emerald.com/insight/content/doi/10.1108/IJLSS-08-2022-0191/full/html?skipTracking=true, Application of six sigma through deep learning in the production of fasteners, acessado em 01/11/2023

https://www.mdpi.com/2076-3417/13/2/933, A Deep-Learning-Based Fault Diagnosis Method of Industrial Bearings Using Multi-Source Information, acessado em 01/11/2023

https://ojs.aaai.org/index.php/ICAPS/article/view/6685, Deep Reinforcement Learning Approach to Solve Dynamic Vehicle Routing Problem with Stochastic Customers, acessado em 01/11/2023

IA no ITIL

A *Information Technology Infrastructure Library* (ITIL) é um conjunto de boas práticas para o gerenciamento de serviços de TIC que integra os serviços de valor agregado de tecnologia de informações e comunicações com as metas do negócio.

As boas práticas vêm evoluindo ao longo dos anos e a versão mais atual incorporou os conceitos de transformação digital, inteligência artificial, cloud computing e DevOps.

A inteligência artificial traz diversos benefícios para o gerenciamento de serviços de TIC.

Automatização de processos repetitivos e rotineiros, para aumentar a eficiência e a produtividade dos profissionais da organização de tecnologia.

Os *chatbots* e assistentes virtuais inteligentes interagem com os usuários e resolvem as solicitações mais simples e encaminham para os profissionais mais adequados os chamados mais complexos.

Melhoria da qualidade e a consistência dos serviços pela redução dos erros e falhas humanas.

A análise preditiva da IA gera alarmes sobre problemas e incidentes antes que eles afetem a disponibilidade e desempenho dos serviços de valor agregado de TIC.

A análise preditiva da inteligência artificial gera recomendações de ações preventivas ou corretivas.

Aumento da satisfação e a fidelização dos clientes pela entrega de serviços de valor agregado mais ágeis, personalizados e proativos.

O aprendizado de máquina da IA analisa os dados históricos e identifica os padrões e tendências que auxiliam os gestores humanos na tomada de decisão e na melhoria contínua dos serviços.

Facilitação e agilização tanto da inovação, quanto da execução de mudanças.

O processamento de linguagem natural é capaz de extrair informações relevantes dos documentos, e-mails, mensagens etc. para comunicar e compartilhar o conhecimento entre as partes interessadas.

A IA é uma tecnologia em constante evolução que pode trazer grandes oportunidades para o gerenciamento de serviços de TIC.

A governança da inteligência artificial precisa considerar os desafios e riscos envolvidos em relação às questões éticas, legais, sociais e de segurança da IA.

É preciso adotar uma abordagem robusta para implementar a IA no ITIL, considerando o gerenciamento da organização, das pessoas, das informações, das tecnologias, dos parceiros, dos fornecedores, dos fluxos de valor e dos processos.

Referências

https://www.ibm.com/br-pt/topics/it-infrastructure-library, O que é a biblioteca de infraestrutura de TI (ITIL)?, acessado em 01/11/2023

https://pt.wikipedia.org/wiki/Intelig%C3%AAncia_artificial, Inteligência artificial, acessado em 01/11/2023

https://blog.pareto.io/exemplos-de-inteligencia-artificial/, 16 Exemplos de Inteligência Artificial Presentes no seu dia a dia, acessado em 01/11/2023

https://www.profissionaisti.com.br/itil-exemplos-praticos-que-finalmente-farao-voce-entender-qual-o-papel-de-cada-estagio/, ITIL: exemplos práticos que finalmente farão você entender qual o papel de cada estágio, acessado em 01/11/2023

https://www.zendesk.com.br/blog/tipos-inteligencia-artificial/, Quais são os tipos de inteligência artificial? Objetivos, como e por que usar, acessado em 01/11/2023

https://desenhodeservicos.com.br/guia-completo-para-itil4/, Guia Completo para ITIL4, acessado em 01/11/2023

https://www.bbc.com/portuguese/articles/c89yywnx5lyo, Inteligência artificial: o alerta de mil especialistas sobre 'risco para a humanidade', acessado em 01/11/2023

IA no sucesso do cliente

O sucesso do cliente é uma estratégia que visa garantir que os clientes alcancem os resultados desejados com o uso de um produto ou serviço.

Em outras palavras, é preciso oferecer um atendimento de qualidade, um suporte eficiente e uma experiência agradável.

Como a inteligência artificial pode ajudar no sucesso do cliente?

A IA é capaz de entregar ferramentas para melhorar o relacionamento com os clientes, ou seja, mais personalizado e agradável e maior agilidade nas respostas.

Como a inteligência artificial pode melhorar o atendimento ao cliente?

O atendimento ao cliente é um dos pilares do sucesso do cliente, pois é o momento em que a empresa "fala" com o cliente e resolve as suas dúvidas, problemas e necessidades.

Um bom atendimento fideliza o cliente e aumenta a sua confiança na empresa, um mau atendimento gera insatisfação e perda de clientes.

A inteligência artificial é capaz de melhorar o atendimento ao cliente de diversas formas:

Automação do atendimento inicial

A IA permite a criação de *chatbots* e assistentes virtuais para realizar o atendimento inicial dos clientes, respondendo às perguntas mais frequentes e simples, sem a necessidade de intervenção humana.

Este estratagema simples e barato, agiliza o atendimento, reduz os custos e libera os agentes humanos para tratar dos casos mais complexos.

Personalização do atendimento

A inteligência artificial usa os dados e algoritmos para personalizar o atendimento do cliente de acordo com o seu perfil, seu histórico de compras e navegação e suas preferências.

Este estratagema permite a oferta de soluções mais adequadas para as necessidades do cliente.

O estratagema também permite a recomendação de produtos ou serviços complementares para os clientes.

Quando a empresa é capaz de oferecer soluções e recomendações personalizadas e pertinentes, ela cria uma conexão emocional com o cliente.

Antecipação das necessidades do cliente

O uso da inteligência artificial no atendimento ao cliente permite que a empresa antecipe as necessidades do cliente antes que ele as manifeste.

A IA pode ser usada para analisar o comportamento do cliente no site ou no aplicativo e enviar mensagens proativas com dicas, ofertas ou alertas relevantes.

Como a inteligência artificial pode melhorar o suporte ao cliente?

O suporte ao cliente é um dos pilares do sucesso do cliente, pois é o serviço que ajuda o cliente a resolver problemas técnicos ou operacionais com o produto ou serviço contratado.

Um bom suporte garante que o cliente tenha uma boa experiência agradável de uso e obtenha os benefícios esperados.

Um mau suporte gera frustrações, revoltas, reclamações, comentários negativos e desistências.

A inteligência artificial pode melhorar o suporte ao cliente de várias maneiras:

Automação da resolução de problemas

A IA é capaz de usar *chatbots* e assistentes virtuais para automatizar a resolução de problemas simples e rotineiros dos clientes (resetar senhas, atualizar dados cadastrais, status dos pedidos etc.).

A automatização dos processos aumenta a eficiência do suporte e melhora o nível de satisfação do cliente.

Predição de falhas

A inteligência artificial usa as técnicas de análise preditiva para prever possíveis falhas no produto ou serviço antes que elas ocorram ou se agravem.

Este estratagema permite a tomada de diversas medidas preventivas ou corretivas.

As medidas preventivas ou corretivas têm a capacidade ou de evitar que o cliente seja impactado ou de minimizar os impactos negativos.

Sugestão de soluções

A IA é capaz de sugerir soluções para os problemas dos clientes com base nos dados históricos ou nos casos semelhantes.

As sugestões para os problemas facilitam o trabalho dos agentes humanos de suporte e agilizam a resolução dos problemas.

Como a inteligência artificial pode melhorar a experiência do cliente?

A experiência do cliente é o resultado das percepções e emoções que o cliente tem em relação à empresa durante toda a sua jornada de compra e uso do produto ou serviço.

Uma boa experiência gera lealdade, engajamento, recomendações, aumento do valor do cliente etc.

Uma má experiência gera insatisfações, reclamações, aumento dos custos, abandonos etc.

A inteligência artificial pode melhorar a experiência do cliente de diversas formas:

Personalização da oferta

A inteligência artificial usa os dados e algoritmos para personalizar a oferta de produtos ou serviços para cada cliente, levando em conta os seus interesses, necessidades e preferências.

Este estratagema aumenta a chance de conversão e retenção dos clientes.

Otimização da usabilidade

A IA também usa as técnicas de teste A/B e análise do comportamento para otimizar a usabilidade do site ou do aplicativo da empresa.

O objetivo é tornar o site e app mais intuitivo, funcional e atrativo para os clientes.

Monitoramento do nível de satisfação

A inteligência artificial é capaz de monitorar o nível de satisfação dos consumidores com base nas avaliações, nos comentários, nas pesquisas etc. realizadas pelos clientes.

Este estratagema permite tanto a identificação dos pontos fortes e fracos da empresa, quanto a identificação das medidas para melhorar os pontos fortes e eliminar os pontos fracos.

Conclusões

A inteligência artificial é uma tecnologia que impulsiona o sucesso do cliente em diversas dimensões (atendimento, suporte, experiência etc.).

A IA habilita a oferta e entrega de um serviço mais rápido, efetivo e personalizado para os clientes.

O objetivo é aumentar o nível de satisfação e fidelização dos clientes.

IA nos serviços compartilhados

Um dos setores que pode se beneficiar da inteligência artificial é o de serviços compartilhados.

Os serviços compartilhados são uma forma de organização que centraliza e padroniza as atividades de suporte de uma empresa (finanças, contabilidade, recursos humanos, compras etc.).

Essas atividades são realizadas por um Centro de Serviços Compartilhados (CSC), que atende as diversas unidades de negócio da empresa.

O principal objetivo de um CSC é o aumento da efetividade e qualidade dos serviços prestados, ou em outras palavras, redução dos custos operacionais e geração de valor agregado para os clientes internos e externos.

O Centro de Serviços Compartilhados precisa ser formatado para ser capaz de enfrentar os desafios gerados pela complexidade dos processos, pela demanda por agilidade e flexibilidade, pela necessidade de inovação, pela gestão de pessoas etc.

A IA é uma poderosa aliada de um CSC, pois ela oferece soluções que transformam a forma como ele opera e entrega valor.

Automação de processos

A IA automatiza as tarefas repetitivas e de baixo valor agregado, que consomem tempo e recursos dos profissionais humanos do CSC.

A Robotic Process Automation (RPA) é capaz de executar tarefas como a entrada de dados, o processamento das faturas, a reconciliação das contas etc.

A automação aumenta tanto a produtividade, quanto a precisão, quanto o nível de conformidade dos processos.

A automação inteligente libera os profissionais humanos para as atividades mais estratégicas e analíticas.

Análise de dados

A IA é capaz de analisar o grande volume de dados gerado pelo CSC e de gerar "insights" valiosos para melhorar o desempenho e a qualidade dos serviços.

Com a análise preditiva é possível prever os problemas antes que eles ocorram e ter uma atuação preventiva e corretiva de impacto mínimo ou nulo no sistema.

A análise prescritiva sugere as melhores ações ou decisões para cada situação e como consequência otimiza o resultado.

A análise de sentimentos avalia os comentários e respostas dos clientes para melhorar a experiência do usuário.

Chatbots

São sistemas de inteligência artificial que interagem com os clientes em tempo real, por meio de texto ou voz.

Os *chatbots* respondem às perguntas dos clientes, encaminham as solicitações para o departamento correto, agendam reuniões, atualizam as informações de contato etc.

Os *chatbots* melhoram a efetividade do atendimento ao cliente e reduzem o tempo na fila de espera, o custo operacional e a quantidade de erros humanos.

Assistente virtual

São sistemas de inteligência artificial que auxiliam os profissionais humanos do CSC na realização das suas atividades.

Os assistentes fornecem informações e soluções de forma rápida e robusta para os agentes humanos.

Os assistentes virtuais respondem às perguntas ou orientam os humanos na navegação em processos complexos.

Os assistentes virtuais aumentam o conhecimento e a capacitação dos profissionais humanos da CSC.

Resumo

A inteligência artificial gera uma vantagem competitiva para a Central de Serviços Compartilhados, pois ela habilita um aumento significativo da eficiência, agilidade e criatividade.

A implementação da IA em uma CSC deve ser planejada e gerenciada com cuidado, para garantir que ela esteja alinhada com os objetivos estratégicos da empresa e que ela seja capaz de fornecer resultados robustos e mensuráveis.

IA na cidade inteligente

A inteligência artificial é capaz de oferecer diversos benefícios para as cidades inteligentes.

As cidades inteligentes usam as tecnologias para melhorar a qualidade de vida dos cidadãos, para aumentar a efetividade dos serviços públicos, para melhorar a sustentabilidade ambiental, para facilitar a participação social etc.

A IA oferece recursos para tornar as cidades mais seguras, limpas, acessíveis, sustentáveis, inclusivas etc.

A inteligência artificial é capaz de otimizar o tráfego urbano, reduzir os congestionamentos e emissões de poluentes etc.

Os sistemas inteligentes de semáforos, os aplicativos de mobilidade compartilhada, os veículos autônomos etc. são poderosas ferramentas para a otimização do fluxo do transporte público e privado.

A IA é capaz de controlar o fluxo de veículos em uma rua evitando assim perturbações para os pacientes de um hospital ou para os alunos de uma escola.

A plataforma City Brain (City Brain Now in 23 Cities in Asia, https://www.alibabacloud.com/blog/city-brain-now-in-23-cities-in-asia_595479, acessado em 01/11/2023) está sendo usada para gerenciar o fluxo de veículos e pedestres em tempo real.

Os principais objetivos dos governantes estavam relacionados com a redução do tempo médio das viagens e do número de acidentes.

A inteligência artificial captura as informações das câmeras de interseção e os dados do GPS sobre a localização de carros, ônibus, ambulâncias, carros de bombeiros etc. para analisar as informações em tempo real e coordenar a rede de sinais de trânsito para evitar ou amenizar engarrafamentos.

O tempo necessário para chegar ao local de emergências pelos caminhões de bombeiros, ambulâncias, carros policiais foi reduzido pela metade com o uso da inteligência artificial.

O uso de câmeras de vigilância com reconhecimento facial, drones e algoritmos de análise de dados permite que a IA ajude na monitoração e prevenção dos crimes.

As cidades que usam um centro integrado de comando e controle para monitorar as câmeras espalhadas pela cidade e acionar as forças de segurança em caso de emergências estão obtendo resultados robustos na redução da violência e criminalidade.

A inteligência artificial é capaz de melhorar a gestão dos resíduos sólidos através da monitoração dos sensores que indicam o nível de enchimento dos contêineres e da otimização das rotas da frota de caminhões da coleta seletiva.

Algumas cidades usam um sistema inteligente de coleta pneumática que transporta os resíduos por tubos subterrâneos até uma estação centralizada.

Os objetivos dos governos destas cidades é reduzir tanto o uso de caminhões, quanto o custo da logística do transporte dos resíduos, quanto à geração de ruídos desnecessários, quanto à emissão de odores.

A inteligência artificial habilita de forma robusta e enfática a promoção da inclusão social e cidadania, através do uso de plataformas inteligentes que facilitam o acesso à informação, à educação, à saúde e aos serviços públicos pelos cidadãos.

A IA também é usada para estimular a participação dos cidadãos na tomada de decisões sobre questões urbanas, através de ferramentas de consulta pública, votação eletrônica e orçamento participativo.

A plataforma Paris Décidez (https://decider.paris.fr/decider/jsp/site/Portal.jsp, acessado em 01/11/2023) permite que os cidadãos proponham e votem em projetos de melhoria da cidade.

A governança da inteligência artificial na cidade inteligente deve superar diversos desafios éticos, sociais e legais.

Privacidade e segurança

A IA pode gerar riscos à privacidade e à segurança dos dados pessoais dos cidadãos, se não existirem mecanismos adequados de proteção e transparência.

A coleta e o uso indiscriminado dos dados gerados pelos cidadãos nas cidades inteligentes podem violar os direitos fundamentais das pessoas.

Existe um claro risco de roubo de identidade que pode gerar fraudes ou chantagens.

É preciso, portanto, adotar padrões técnicos e jurídicos para garantir a segurança e sigilo dos dados capturados ao mesmo tempo em que são implementados os princípios éticos de consentimento informado, de minimização do vazamento de dados e de finalidade específica.

É preciso estabelecer mecanismos de fiscalização e sanção para os casos de violação da privacidade e para promover a educação digital dos cidadãos.

Mercado de trabalho

A IA pode gerar um impacto negativo no mercado de trabalho, se não houver uma política pública que promova a qualificação e requalificação dos trabalhadores.

A substituição ou complementação dos trabalhadores humanos por sistemas inteligentes pode causar aumento do desemprego ou da precarização do trabalho.

É preciso, portanto, investir na educação continuada e profissionalizante para os trabalhadores ao mesmo tempo em que são criados incentivos para a geração de novas ocupações relacionadas com a inteligência artificial.

As políticas precisam garantir os direitos trabalhistas e previdenciários para os trabalhadores afetados pela IA ao mesmo tempo em que fomentam o empreendedorismo e a economia colaborativa.

Vieses e discriminações

Um processo equivocado de treinamento da IA pode gerar vieses e discriminações nos sistemas de tomada de decisão automatizados, ou seja, a governança da inteligência artificial precisa definir critérios claros e justos para a avaliação e auditoria dos sistemas inteligentes.

É preciso evitar que os algoritmos usados nas cidades inteligentes reproduzam ou amplifiquem os preconceitos existentes na sociedade, ou seja, os dados usados no processo de treinamento da inteligência artificial devem passar antes por um conselho curador para evitar que eles afetem negativamente grupos minoritários ou vulneráveis.

O conselho curador dos dados deve adotar métodos rigorosos e transparentes tanto para o teste dos algoritmos, quanto para a implementação dos princípios éticos de equidade, diversidade e não discriminação, quanto para estabelecer os mecanismos de monitoramento e correção dos casos de viés ou discriminação, quanto para promover a participação dos grupos afetados na avaliação dos algoritmos.

Responsabilidade

A IA pode gerar questões complexas sobre a responsabilidade pelos atos ou omissões dos sistemas inteligentes nas cidades inteligentes.

Quem deve ser responsabilizado por eventuais danos causados por um veículo autônomo ou por um sistema de vigilância nas cidades inteligentes?
O fabricante?
O operador?
O usuário?

O poder público?

A governança da IA precisa definir normas jurídicas claras e específicas para: (i) regular a responsabilidade civil e penal, (ii) implementar princípios éticos de prestação de contas e de justificativas dos sistemas inteligentes, (iii) estabelecer mecanismos eficazes de reparação e compensação para as vítimas (iv) promover uma cultura ética entre os desenvolvedores e os usuários.

Governança

A IA pode gerar desafios para a governança das cidades inteligentes, se não existirem mecanismos efetivos e robustos de participação e controle social.

Como garantir que os interesses e as demandas dos cidadãos foram considerados na definição das prioridades e objetivos das cidades inteligentes?

Como evitar que os sistemas inteligentes sejam usados para fins autoritários ou antidemocráticos?

A governança da IA, precisa criar espaços institucionais e informais para: (i) incentivar o diálogo entre os diferentes atores envolvidos, (ii) implementar princípios éticos de transparência, participação e colaboração, (iii) estabelecer mecanismos eficazes de fiscalização e participação social na gestão da IA e (iv) promover a cultura democrática entre os cidadãos.

Resumo

A governança é o mecanismo para que a IA seja desenvolvida e aplicada nas cidades inteligentes de forma responsável, ética e democrática com respeito aos direitos humanos e valores sociais.

É necessário que a governança assegure a participação e envolvimento de todos os atores interessados na cidade inteligente (poder público, setor privado, escolas e universidades, sociedade civil, cidadãos etc.).

Apenas com a correta governança é possível explorar todo o potencial da inteligência artificial para melhorar as cidades e a vida das pessoas que vivem nelas.

Referências

https://edition.cnn.com/2019/01/15/tech/alibaba-city-brain-hangzhou/index.html, Alibaba's 'City Brain' is slashing congestion in its hometown, acessado em 01/11/2023

https://decider.paris.fr/decider/jsp/site/Portal.jsp, Vous aussi, décidez pour Paris ?, acessado em 01/11/2023

IA na contabilidade

Na contabilidade, a inteligência artificial tem um papel cada vez mais importante, pois ela é capaz de automatizar processos, de aumentar a eficiência, de reduzir erros e de agregar valor aos serviços contábeis.

Benefícios da IA na contabilidade

A IA oferece diversos benefícios para os profissionais e para os clientes de uma empresa de contabilidade.

Automação de processos

A inteligência artificial realiza as tarefas repetitivas e burocráticas da contabilidade com rapidez e precisão (lançamentos contábeis, conciliações bancárias, cálculos tributários, emissão de notas fiscais etc.).

Os contadores humanos têm mais tempo e recursos para as atividades estratégicas e consultivas.

Análise de dados

A IA é capaz de coletar, organizar e analisar um grande volume de dados contábeis e financeiros e de gerar "insights" e relatórios que auxiliam na tomada de decisão dos gestores e clientes.

A inteligência artificial consegue identificar anomalias, fraudes e riscos nos dados e com isto aumentar o nível de precisão, segurança e confiabilidade das informações contábeis.

Atendimento ao cliente

A IA melhora a experiência do cliente com o uso de *chatbots* (robôs que simulam uma conversa humana de texto ou voz).

Os *chatbots* são usados para esclarecer as dúvidas dos consumidores, para fornecer informações para os clientes, para agendar serviços e para resolver os problemas dos clientes de forma rápida e personalizada.

Aprendizado contínuo

A inteligência artificial é capaz de se adaptar às mudanças e atualizações nas normas e legislações contábeis, pois ela utiliza algoritmos de aprendizado de máquina (machine learning) e aprendizado profundo (deep learning), que permitem que a máquina aprenda com os próprios dados e experiências.

Desafios da IA na contabilidade

A governança da IA na contabilidade deve ser estabelecida para superar diversos desafios.

Investimento em tecnologia

Para implementar a IA na contabilidade, é preciso investir em infraestrutura, sistemas, ferramentas e capacitação técnica.

É preciso trabalhar com competência e coerência os recursos financeiros e humanos disponíveis para não permitir a criação de uma desvantagem competitiva.

Qualidade dos dados

Para que a IA funcione adequadamente, é primordial que os dados sejam confiáveis, completos e consistentes.

Dados não confiáveis, incompletos e inconsistentes geram resultados incorretos ou incompletos e comprometem a qualidade dos serviços contábeis.

Ética e transparência

As questões éticas e legais da IA na contabilidade estão relacionadas com a privacidade dos dados dos clientes, com a responsabilidade pelos erros ou danos causados pela inteligência artificial, pela explicação dos processos e decisões tomadas pela IA etc.

A governança da IA, precisa estabelecer de forma clara, as regras e princípios da IA na contabilidade para garantir a transparência e para conquistar a confiança dos clientes.

Adaptação profissional

A IA muda o perfil e as competências exigidas dos profissionais da contabilidade, ou seja, é preciso trabalhar o aprendizado contínuo tanto para atualizar o conhecimento, quanto para desenvolver as capacidades e habilidades de criatividade, pensamento crítico, comunicação, relacionamento interpessoal etc.

É muito provável que existam profissionais com receio ou resistência em relação a IA, por causa do medo de perder o emprego ou autonomia.

Tendências e aplicações da IA na contabilidade

A inteligência artificial na contabilidade é uma realidade que está presente em diversas empresas.

Auditoria automatizada

A atual tecnologia da IA permite que ela faça auditorias contábeis de forma automatizada, ou seja, análise de todos os dados e documentos com rapidez e precisão.

A inteligência artificial verifica o nível de conformidade da contabilidade com as normas e leis vigentes, detecta os erros ou fraudes nos registros contábeis e gera pareceres sobre as demonstrações financeiras.

Contabilidade preditiva

A IA usa as técnicas de análise preditiva para antecipar cenários futuros com base nos dados históricos e atuais da empresa.

A inteligência artificial é capaz de projetar no curto, médio e longo prazo o fluxo de caixa, o lucro líquido, o retorno sobre o investimento etc.

As projeções com base na análise analítica dos dados e informações aumentam a assertividade do planejamento das estratégias e ações.

Contabilidade cognitiva

A IA usa as técnicas de inteligência cognitiva para entender o contexto e as necessidades dos clientes de forma personalizada.

A inteligência artificial interpreta as emoções, as preferências e os comportamentos dos clientes por meio da análise dos sinais verbais ou não verbais.

A inteligência cognitiva permite que a IA entregue soluções mais adequadas e humanizadas aos clientes.

Conclusões

A inteligência artificial na contabilidade traz benefícios tanto para os profissionais da empresa quanto para os seus clientes.

Os desafios da IA devem ser enfrentados com cautela e responsabilidade para que exista harmonia no relacionamento entre o humano e a máquina, ou em outras palavras, para aproveitar o melhor de cada um para oferecer serviços de qualidade e valor agregado.

IA na análise de balanços

A análise do balanço de uma empresa é uma atividade essencial para a gestão financeira, pois ela permite: (i) avaliar a situação patrimonial, econômica e financeira da organização e (ii) identificar os pontos fortes e fracos, oportunidades e ameaças.

A análise do balanço é uma atividade complexa e trabalhosa, que demanda tempo, conhecimento e habilidade dos profissionais envolvidos.

A inteligência artificial é uma ferramenta poderosa que facilita os seguintes aspectos da análise do balanço de uma empresa:

Processos

A IA é capaz de realizar as tarefas repetitivas e burocráticas com rapidez e precisão (coletar, organizar e validar os dados contábeis, gerar relatórios e indicadores financeiros, aplicar fórmulas e critérios de análise etc.).

Aprendizado contínuo

A IA aprende tanto com os dados históricos, quanto com as informações recebidas, ou seja, ela aprimora os seus algoritmos e a sua capacidade de análise.

A inteligência artificial é capaz de adaptar os algoritmos em função das mudanças do mercado e das necessidades específicas de cada empresa ou setor.

Predição de cenários

A IA usa as técnicas de *machine learning* e *deep learning* para fazer projeções e simulações de diferentes cenários futuros, considerando variáveis internas e externas à empresa, ou seja, a IA ajuda a gestão financeira nas atividades de projeção das tendências, riscos, oportunidades e ameaças (em função das decisões tomadas).

Análise de sentimentos

A IA usa as técnicas de processamento de linguagem natural (PLN) para analisar o conteúdo e o tom das notícias, redes sociais e outras fontes de informação sobre o mercado financeiro.

A inteligência artificial é capaz de captar o sentimento dos investidores, clientes e concorrentes sobre uma empresa ou setor da economia.

Os sentimentos influenciam a análise do balanço de uma empresa, pois muitos agentes econômicos avaliam o desempenho potencial de uma empresa com base no "feeling".

Interpretação de documentos

A IA usa as técnicas de PLN para extrair informações relevantes de documentos contábeis e financeiros (balanços patrimoniais, demonstrações de resultados, notas explicativas etc.).

Em outras palavras, a inteligência artificial facilita o trabalho dos analistas humanos que até então precisavam ler e compreender estes documentos para avaliar a empresa.

Análise de risco

A IA usa as técnicas de *machine learning* para analisar o histórico financeiro da empresa e os dados e informações do mercado e concorrência, tanto para estimar o risco de falência, inadimplência ou insolvência da organização, quanto para mitigar ou evitar estes riscos.

Análise de desempenho

A inteligência artificial usa as técnicas de *deep learning* para calcular e comparar diversos indicadores financeiros da empresa (lucratividade, rentabilidade, liquidez, endividamento etc.).

A IA é capaz de identificar tanto os pontos fortes e fracos da gestão financeira, quanto as oportunidades e ameaças existentes no mercado.

Análise de investimentos

A inteligência artificial usa as técnicas de *machine learning* para analisar o comportamento dos investidores em relação à empresa ou ao setor, bem como as tendências do mercado financeiro.

A IA é capaz de sugerir opções interessantes de investimento para a gestão financeira.

Resumo

A inteligência artificial é uma grande aliada na análise de balanços, pois ela aumenta a efetividade, a qualidade e a profundidade da atividade, ou seja, ela é capaz de gerar "insights" valiosos para a gestão financeira.

IA na advocacia

A inteligência artificial é uma tecnologia que está revolucionando a advocacia, pois a IA traz benefícios para os advogados e clientes (aumento da eficiência e precisão e redução dos custos).

A IA pode ser dividida em duas categorias: a IA fraca e a IA forte.

A IA fraca é aquela que é projetada para executar tarefas específicas e limitadas, como jogar xadrez, traduzir textos ou identificar objetos em imagens.

A IA forte é aquela que é capaz de realizar atividades intelectuais (raciocinar, compreender e criar).

Em 2023, a IA forte está distante da nossa realidade e a IA fraca está presente em diversas aplicações do cotidiano das pessoas.

Como a inteligência artificial pode ser usada na advocacia?

Existem diversas atividades na advocacia que são beneficiadas com o uso da IA.

A pesquisa jurídica, a análise de documentos, a gestão de processos, a elaboração de peças e contratos, a previsão de resultados e o atendimento ao cliente são exemplos de atividades em que a IA pode ajudar.

Foi revelado que seis dos casos apresentados por Schwartz são decisões judiciais falsas. Fonte: Advogado pede desculpas por falsas citações judiciais criadas pelo ChatGPT, https://www.cnnbrasil.com.br/internacional/advogado-pede-desculpas-por-falsas-citacoes-judiciais-criadas-pelo-chatgpt/, acessado em 01/11/2023.

O atual estado da arte da tecnologia exige que os funcionários humanos avaliem o trabalho realizado pela inteligência artificial, pois nem sempre as informações fornecidas pela IA são verdadeiras.

A IA é capaz de automatizar as tarefas repetitivas e demoradas, ou seja, aumento da produtividade e redução dos erros.

A inteligência artificial ajuda os advogados com “insights” baseados em dados e evidências e com informações relevantes para o caso.

A IA melhora a qualidade dos serviços jurídicos prestados aos clientes pela entrega de soluções mais rápidas, precisas e personalizadas.

Pesquisa jurídica

A IA facilita o trabalho de pesquisa dos advogados ao permitir que eles encontrem as normas, jurisprudências e doutrinas mais relevantes para os seus casos com mais rapidez e precisão.

A IA usa as técnicas de processamento de linguagem natural para entender as perguntas dos advogados e encontrar possibilidades com base nos dados jurídicos.

Análise de documentos

A inteligência artificial ajuda os advogados na análise de grandes volumes de documentos jurídicos (contratos, petições, sentenças, laudos periciais etc.).

A IA usa as técnicas de extração de informação para identificar as partes, cláusulas, termos e condições mais importantes dos documentos e compará-los com outros documentos similares ou padrões do mercado.

A IA usa as técnicas de análise de sentimento para detectar o tom e a intenção dos documentos e alertar os advogados sobre possíveis riscos, oportunidades ou ameaças.

Gestão de processos

A IA ajuda os advogados no gerenciamento dos processos judiciais e administrativos (aumento da eficiência e transparência).

A inteligência artificial usa as técnicas de reconhecimento óptico de caracteres para digitalizar e organizar os documentos dos processos em uma nuvem.

A IA usa as técnicas de classificação e agrupamento para categorizar os processos por assunto, cliente, valor ou complexidade.

A inteligência artificial usa as técnicas de previsão e otimização para estimar o tempo e o custo dos processos e sugerir as melhores estratégias para cada caso.

Elaboração de peças e contratos

A IA ajuda os advogados no processo de elaboração de peças processuais e de contratos.

No estado da arte da tecnologia em 2023, a palavra "ajuda" significa que os humanos precisam conferir a resposta da IA.

A geração de uma peça processual ou de um contrato com qualidade e agilidade exige regime de trabalho cooperado entre IA e ser humano.

A IA usa as técnicas de geração de texto para produzir textos jurídicos coerentes e consistentes com base em modelos predefinidos ou personalizados pelos advogados.

A inteligência artificial usa as técnicas de verificação gramatical e ortográfica para corrigir os erros nos textos gerados.

Previsão de resultados

A IA ajuda os advogados na previsão do resultado de um caso com base nos dados históricos e estatísticos.

A inteligência artificial usa as técnicas de aprendizado supervisionado para treinar modelos preditivos com base nos casos anteriores semelhantes aos atuais.

A IA usa as técnicas de aprendizado não supervisionado para identificar padrões e tendências nos dados jurídicos e fornecer "insights" sobre a chance de sucesso ou fracasso de um caso.

Atendimento ao cliente

A inteligência artificial ajuda os advogados no processo de melhoria do atendimento aos seus clientes, ou seja, ela entrega um canal de comunicação rápido, fácil e acessível.

A IA usa as técnicas de diálogo natural para criar *chatbots* jurídicos capazes de interagir com os clientes por meio de mensagens de texto ou voz.

Os *chatbots* esclarecem as dúvidas mais simples dos clientes sobre o seu caso ou sobre os seus direitos, agendam reuniões com os advogados, enviam atualizações sobre o andamento dos processos etc.

Quais são os desafios e oportunidades da inteligência artificial na advocacia?

A utilização da IA na advocacia gera desafios e oportunidades para os profissionais do direito.

A governança da inteligência artificial precisa resolver os desafios relacionados com as questões éticas, legais e regulatórias sobre a responsabilidade civil, a privacidade dos dados, o sigilo profissional e a autonomia dos advogados.

É preciso definir claramente os limites e as normas para o uso da IA na advocacia.

A governança deve garantir que a tecnologia seja usada de forma ética, segura e transparente.

A IA é capaz de criar possibilidades novas de atuação e especialização dos advogados, ou seja, diferenciação e oferta de serviços inovadores e de valor agregado para os clientes.

Os profissionais humanos do direito precisam adaptar o seu modelo de trabalho para usar a IA de forma estratégica e eficaz.

Conclusões

A inteligência artificial é uma realidade na advocacia e pode trazer muitos benefícios para os advogados e clientes.

É preciso estar atento aos desafios e oportunidades, pois a IA não vai substituir os advogados.

A inteligência artificial vai transformar a forma como os profissionais do direito exercem sua profissão.

IA na sala de aula

A inteligência artificial na sala de aula pode trazer diversos benefícios para os alunos e professores.

Personalização da aprendizagem

A IA analisa os dados dos alunos (desempenho, preferências, dificuldades, interesses etc.) e gera um conteúdo com atividades adaptadas para as necessidades e objetivos do aluno (o professor deve avaliar e aprovar o conteúdo e as atividades geradas pela inteligência artificial), ou seja, os alunos podem aprender no seu próprio ritmo e estilo.

Automação de tarefas

A IA auxilia os professores na realização de tarefas repetitivas e burocráticas (correção de provas, geração de relatórios, organização dos horários, envio de lembretes etc.).

Os professores têm mais tempo para a interação com os alunos, para o planejamento das aulas e para a aprendizagem contínua.

Ensino online

A IA facilita o ensino e a aprendizagem online, por meio de plataformas interativas, *chatbots*, assistentes virtuais e sistemas de recomendação.

Estas ferramentas criam um ambiente de aprendizagem mais dinâmico, colaborativo e personalizado, ou seja, elas oferecem "feedbacks" instantâneos e orientações para os alunos e professores.

Novos recursos educacionais

A IA é capaz de criar recursos educacionais novos (jogos educativos, simuladores, realidade aumentada, realidade virtual, realidade mista etc.) para tornar as aulas mais atrativas, lúdicas e imersivas.

O objetivo é estimular o engajamento, a criatividade e o pensamento crítico dos alunos.

Coleta de dados para melhoria contínua

A inteligência artificial coleta e analisa os dados sobre o processo de ensino e aprendizagem (desempenho dos alunos, "feedback" dos professores, dificuldades encontradas, estratégias utilizadas e resultados obtidos).

Estes dados fornecem informações valiosas para avaliar a qualidade da educação e identificar os pontos de melhoria.

A governança da IA na sala de aula tem que estabelecer um conjunto de regras também para enfrentar os principais desafios da educação:

Acesso desigual à tecnologia

Nem todos os alunos e professores têm acesso à internet de qualidade, aos dispositivos eletrônicos e às plataformas digitais necessárias para utilizar a IA na sala de aula.

A governança tem que impedir a exclusão digital e a criação de uma desigualdade educacional entre os que têm e os que não têm acesso à tecnologia.

Ética na utilização dos dados

A IA depende dos dados dos usuários para funcionar adequadamente, mas esses dados podem ser usados de forma indevida ou ilegal por terceiros.

A governança da IA tem que criar mecanismos para evitar a violação da privacidade, da segurança e dos direitos dos alunos e professores.

É preciso assegurar que os dados sejam coletados, armazenados e utilizados de forma ética, transparente e responsável.

Formação dos professores

A IA exige o desenvolvimento de competências digitais pelos professores para que eles consigam integrar a tecnologia com o seu trabalho pedagógico.

A governança da IA tem que assegurar que os professores tenham acesso à formação adequada ou ao suporte técnico necessário para utilizar a IA na sala de aula.

Falhas no programa de treinamento dos professores podem gerar resistência, insegurança ou frustração.

Relação humana na educação

A IA deve ser usada para complementar e facilitar o trabalho dos professores, ou seja, a inteligência artificial não substitui os professores.

A relação humana entre professor e aluno é essencial para o processo de ensino e aprendizagem, pois envolve afeto, emoção, confiança e criatividade.

A governança da IA na sala de aula tem que encontrar o ponto de equilíbrio entre a tecnologia e o contato humano na educação.

Conclusões

A inteligência artificial na sala de aula gera oportunidades e desafios para a educação.

É preciso aproveitar os benefícios que a IA oferece para melhorar a qualidade da educação e para preparar os alunos para o futuro.

Também é preciso atenção aos riscos que a inteligência artificial gera para a educação e sociedade.

IA no futebol profissional

O futebol é um esporte que envolve emoção e talento, por isso, ele é cada vez mais influenciado pela tecnologia e pelos dados.

A inteligência artificial é uma das ferramentas que está transformando o modo como os clubes, os jogadores e os torcedores vivenciam o futebol.

A inteligência artificial é a capacidade das máquinas e sistemas de imitar a inteligência humana para realizar tarefas e se aprimorar com base nos dados e informações que recebem.

Em 2023, a IA é utilizada nas seguintes áreas do futebol profissional no Brasil e no exterior.

Análise de desempenho

A IA coleta, processa e interpreta uma grande quantidade de dados sobre os jogadores, os times e os adversários, para gerar "insights" e estratégias para melhorar o rendimento das equipes.

A inteligência artificial é capaz de identificar os padrões de jogo, os pontos fortes e fracos, as estatísticas individuais e coletivas, os riscos de lesão etc.

Os times utilizam os algoritmos e a automatização para obter informações que impactam na captação e na observação dos atletas.

Captação e contratação de atletas

A IA auxilia na busca e na avaliação de potenciais reforços para os clubes, tanto nas categorias de base quanto no mercado profissional.

Através da análise de dados, a IA sugere jogadores que se encaixem no perfil desejado, que tenham um bom custo-benefício e que sejam compatíveis com o estilo de jogo do time.

A plataforma Chronus Sports (https://www.moohtech.com/, acessado em 01/11/2023) reúne clubes, empresários e jogadores e oferece relatórios técnicos, de saúde e de reputação dos atletas.

Relacionamento com os torcedores

A IA é capaz de criar experiências personalizadas e interativas para os fãs do futebol, antes, durante e depois dos jogos.

A inteligência artificial oferece conteúdo exclusivo, recomenda produtos e serviços, responde dúvidas e solicitações, cria jogos e desafios etc.

Vários times usam os *chatbots* para se comunicar com os torcedores pelo WhatsApp.

Arbitragem

A IA contribui para tornar a arbitragem mais justa e precisa, reduzindo os erros humanos e as polêmicas.

A inteligência artificial auxilia na revisão de lances duvidosos, na marcação de impedimentos, na detecção de faltas e pênaltis, entre outras situações.

O *Video Assistant Referee (VAR)* utiliza câmeras e sensores para auxiliar os árbitros nas decisões.

Referências

https://epocanegocios.globo.com/Tecnologia/noticia/2022/05/epoca-negocios-inteligencia-artificial-invade-futebol-e-vira-peca-importante-para-clubes.html, Inteligência artificial invade futebol e vira peça importante para clubes, acessado em 01/11/2023

https://igamingbrazil.com/online/2022/05/12/novo-aplicativo-chronus-sports-chega-ao-mercado-para-auxiliar-tecnicos-e-jogadores/, Novo aplicativo 'Chronus Sports' chega ao mercado para auxiliar técnicos e jogadores, acessado em 01/11/2023

IA no clima e mercado de carbono

O mercado de carbono é um mecanismo que visa reduzir as emissões de Gases de Efeito Estufa (GEE) por meio da comercialização de créditos de carbono.

Cada crédito equivale a uma tonelada de CO2 que deixou de ser emitida ou foi removida da atmosfera.

As empresas ou países que emitem acima do permitido compensam as suas emissões comprando créditos de quem emite menos ou realiza projetos de mitigação.

A inteligência artificial é ferramenta útil para o desenvolvimento e a gestão do clima, pois ela permite: (i) análise de um grande volume de dados, (ii) identificação de padrões, (iii) otimização de processos e (i) criação de soluções inovadoras.

Exemplos de aplicações da IA no clima no Brasil e em outros países.
Monitoramento e verificação das emissões e remoções de carbono

A IA faz a coleta, o processamento e a validação de dados sobre as fontes e os sumidouros de carbono, utilizando sensores, satélites, drones e redes neurais.

O projeto Global Forest Watch (https://www.globalforestwatch.org/, acessado em 01/11/2023) utiliza IA para monitorar o desmatamento em tempo real em diferentes partes do mundo.

Previsão e modelagem dos cenários futuros

A inteligência artificial é capaz de estimar as tendências e os riscos do clima, considerando os fatores econômicos, sociais e climáticos.

A plataforma *Climate Action Tracker* (https://climateactiontracker.org/, acessado em 01/11/2023) utiliza a inteligência artificial para avaliar as ações climáticas e projetar os cenários de aquecimento global.

Otimização e inovação das soluções de baixo carbono

A IA contribui para o aprimoramento e a criação de tecnologias que reduzem as emissões ou aumentam as remoções de carbono, como energia renovável, eficiência energética, mobilidade sustentável e agricultura inteligente.

A plataforma *Carbon Tracker (Unlocking the potential for AI to help tackle the climate crisis*, https://carbontracker.org/unlocking-the-potential-for-ai-to-help-tackle-the-climate-crisis/, acessado em 01/11/2023) usa a inteligência artificial para identificar as fontes de energia mais poluentes e incentivar sua substituição por fontes menos poluentes.

A IA tem uma pegada de carbono significativa, pois ela consome muita energia elétrica para funcionar e demanda por recursos naturais para a produção dos equipamentos.

Portanto, é preciso buscar formas de tornar a IA mais eficiente e sustentável (uso de fontes renováveis de energia, reciclagem de componentes eletrônicos, adoção de critérios ambientais na concepção dos algoritmos etc.).

Conclusões

A IA é tanto uma aliada no clima, quanto é parte do problema, ou seja, no mundo ideal, a inteligência artificial monitora, prevê, otimiza e inova as ações de mitigação das mudanças climáticas ao mesmo tempo em que reduz o seu impacto ambiental.

Referências

https://www.globalforestwatch.org/blog/data-and-research/artificial-intelligence-helps-distinguish-the-forest-from-the-trees-part-1/, Artificial Intelligence Helps Distinguish the Forest From the Trees: Part 1, acessado em 01/11/2023

https://agencia.fapesp.br/modelo-de-inteligencia-artificial-pode-ajudar-o-brasil-a-lucrar-com-o-mercado-de-carbono/40750/, Modelo de inteligência artificial pode ajudar o Brasil a lucrar com o mercado de carbono, acessado em 01/11/2023

https://www.globalforestwatch.org/about, Global Forest Watch, acessado em 01/11/2023

https://climateactiontracker.org/about/, Climate Action Tracker, acessado em 01/11/2023 https://carbontracker.org/about/, Carbon Tracker Initiative, acessado em 01/11/2023

https://news.microsoft.com/pt-br/features/conheca-o-previsia-inteligencia-artificial-na-prevencao-dos-desmatamentos-na-amazonia/, Microsoft, Imazon e Fundo Vale lançam PrevisIA, ferramenta de Inteligência Artificial que ajudará na prevenção do desmatamento da Amazônia, acessado em 01/11/2023

https://previsia.org.br/, PrevisIA, acessado em 01/11/2023

https://www.sacyr.com/en/-/carbon-tracker, Carbon Tracker: measuring and reporting carbon footprints, acessado em 01/11/2023

IA no Jornalismo

A IA utiliza algoritmos (conjunto de regras ou instruções) que definem como um sistema deve resolver um problema ou executar uma tarefa.

Alguns algoritmos são baseados em regras lógicas ou matemáticas predefinidas, enquanto outros são baseados em aprendizado de máquina (machine learning), que é a capacidade do sistema de aprender com os dados e se adaptar para novas situações.

A inteligência artificial pode ser usada no jornalismo em diversas áreas da pesquisa, da redação e da distribuição das notícias.

Durante o processo de pesquisa, a IA é usada para automatizar a transcrição de entrevistas, monitorar eventos em tempo real, traduzir fontes de notícias estrangeiras, coletar publicações relevantes das mídias sociais, cruzar referências com matérias e relatórios arquivados para encontrar informações adicionais etc.

Por exemplo, o jornal The Washington Post usa uma ferramenta Heliograf para gerar relatórios curtos e alertas de eventos esportivos ou eleitorais a partir de dados estruturados (The Washington Post's robot reporter has published 850 articles in the past year, https://whatsnewinpublishing.com/the-washington-posts-robot-reporter-has-published-850-articles-in-the-past-year/, acessado em 01/11/2023).

Durante o processo de redação, a IA ajuda na verificação de fatos e sugere melhorias na gramática e na estrutura das frases, além de adaptar os artigos para diversos públicos-alvo ao monitorar aspectos como estatísticas locais de criminalidade, nível educacional e de habitação.

A agência de notícias *Associated Press* usa a ferramenta *NewsWhip* (https://www.newswhip.com/, acessado em 01/11/2023) para analisar o engajamento dos leitores nas redes sociais e ajustar as manchetes e os conteúdos das notícias.

Durante o processo de distribuição, a IA é usada na análise e na marcação automática de assunto para que os leitores interessados em temas semelhantes possam encontrar conteúdo relacionado.

Alguns jornais usam uma ferramenta inteligente para classificar os comentários dos leitores e moderar as discussões online.

Benefícios da IA no jornalismo

A inteligência artificial no jornalismo acelera a descoberta de fatos e a produção de notícias, reduz o tempo e o esforço dos jornalistas em tarefas repetitivas ou demoradas, amplia a cobertura e a diversidade de temas, fontes e perspectivas, ao permitir que os jornalistas tenham acesso a mais informações e possam personalizar as notícias para diferentes públicos e melhora a qualidade e a credibilidade das notícias, ao auxiliar na checagem de fatos, na correção de erros e na identificação de fake news ou desinformação.

A governança da IA no jornalismo precisa estabelecer regras e procedimentos para superar os seguintes desafios:

- Garantir a transparência e a explicabilidade dos sistemas de IA, para que os jornalistas possam entender como eles funcionam e quais são os critérios usados para gerar ou selecionar as notícias.

- Preservar a ética e os valores jornalísticos, para que os sistemas de IA não sejam usados para manipular ou distorcer as informações ou para violar os direitos autorais ou a privacidade das fontes ou dos leitores.

- Desenvolver as competências e as habilidades dos jornalistas, para que eles possam usar os sistemas de IA de forma crítica e criativa, sem perder o controle editorial ou o senso crítico.

Conclusões

A IA é uma tecnologia que pode contribuir para o desenvolvimento do jornalismo, ao oferecer novas ferramentas e possibilidades para os jornalistas.

A governança da IA no jornalismo deve garantir que a tecnologia seja usada de forma ética, transparente e humana.

É importante que o conselho curador da IA esteja atento às oportunidades e aos riscos da inteligência artificial e que ele busque um caminho para capacitar e atualizar os jornalistas sobre a tecnologia que está em constante evolução.

Referências

https://atozofai.withgoogle.com/intl/pt-BR/journalism/, Jornalistas estão usando a IA para transformar o setor de notícias, acessado em 01/11/2023

https://jigsaw.google.com/projects/#perspective-api, Creating future-defining technology, acessado em 01/11/2023

IA no entretenimento

A inteligência artificial é uma tecnologia revolucionária que vem impactando a indústria do entretenimento.

Existem diversas aplicações e possibilidades da IA no mundo da música, cinema, jogos etc.

A música é uma das formas de arte mais antigas e universais da humanidade, que expressa emoções, sentimentos e ideias através de sons e ritmos.

A IA tem sido usada para criar músicas novas, usando algoritmos que aprendem com grandes bases de dados de canções existentes e geram novas composições originais.

Um exemplo disso é o projeto Magenta, da empresa Google (https://magenta.tensorflow.org/, acessado em 01/11/2023), que usa redes neurais para criar músicas em diferentes estilos e gêneros (jazz, rock, pop etc.).

Outro exemplo é o projeto OpenAI Jukebox (https://openai.com/research/jukebox, acessado em 01/11/2023), que usa a IA para recriar músicas de artistas famosos.

Um terceiro exemplo é a plataforma AIVA (https://www.aiva.ai/, acessado em xx/xx,2023), que usa a IA para ajudar os desenvolvedores de jogos, os iniciantes em música e os compositores profissionais experientes na composição de músicas.

A literatura é uma forma de arte que usa a linguagem escrita para contar histórias, transmitir conhecimentos e provocar reflexões.

A IA usa algoritmos que aprendem com grandes bases de dados de textos existentes para gerar textos novos, coerentes e criativos.

A plataforma GPT da OpenAI (https://openai.com/product, acessado em 01/11/2023), usa uma rede neural profunda para gerar textos sobre diversos assuntos.

O cinema é uma forma de arte que usa imagens e sons para criar narrativas audiovisuais que envolvem e emocionam o público.

A IA tem sido usada para criar efeitos especiais e animações complexas, usando algoritmos que aprendem com uma grande base de dados de imagens e vídeos e geram imagens e vídeos novos e realistas.

A tecnologia DeepFake (Deepfake, https://pt.wikipedia.org/wiki/Deepfake, acessado em 01/11/2023) usa a IA para alterar o rosto e a voz de pessoas em vídeos, podendo trazer de volta atores ou entes queridos que já faleceram ou fazer com que eles falem em outras línguas.

Outro exemplo é a plataforma Synthesia (https://www.synthesia.io/, acessado em 01/11/2023), que usa a IA para criar vídeos personalizados com atores virtuais que falam o que o usuário quiser.

Existem diversos aplicativos que usam a IA para criar personagens a partir de fotos de pessoas reais.

Conclusões

A inteligência artificial está mudando a forma como criamos e consumimos arte e entretenimento, abrindo novas possibilidades e desafios.

A IA pode ser vista como uma ferramenta que amplia a capacidade criativa dos seres humanos, mas também como uma ameaça que pode substituir os artistas ou gerar conteúdos falsos ou prejudiciais.

A governança da IA no entretenimento deve discutir tanto os limites éticos e legais do uso da IA no entretenimento, quanto os critérios de qualidade e originalidade de uma arte gerada por uma máquina, quanto os direitos autorais dos artistas.

Referências:

https://magenta.tensorflow.org/, Make Music and Art Using Machine Learning, acessado em 01/11/2023

https://openai.com/blog/jukebox/, Jukebox, acessado em 01/11/2023

https://www.aiva.ai/, AIVA-The Artificial Intelligence composing emotional soundtrack music, acessado em 01/11/2023

https://openai.com/blog/gpt-3-apps/, GPT-3 powers the next generation of apps, acessado em 01/11/2023

https://www.synthesia.io/, Create professional videos in 15 minutes, acessado em 01/11/2023

O futuro da inteligência artificial

A inteligência artificial é uma das áreas mais promissoras e desafiadoras da ciência da computação.

Ela consiste em criar sistemas capazes de realizar tarefas que normalmente exigem inteligência humana, como reconhecimento de imagens, compreensão de linguagem natural, tomada de decisão e aprendizado.

A IA tem avançado muito nas últimas décadas, graças ao aumento da capacidade de processamento, ao desenvolvimento de novos algoritmos e à disponibilidade de grandes quantidades de dados.

Alguns exemplos de aplicações práticas da IA são: assistentes virtuais que respondem a comandos de voz e fornecem informações úteis; carros autônomos que dirigem sozinhos e evitam acidentes; sistemas de recomendação, que sugerem conteúdos personalizados para os usuários; diagnósticos médicos, que analisam exames e identificam doenças; e jogos, que derrotam campeões humanos.

Qual é o futuro da IA?

Quais são os desafios e as oportunidades que ela apresenta para a sociedade, a economia e a ética?

Como podemos garantir que a inteligência artificial seja usada para o bem e não para o mal?

Uma das tendências mais importantes da IA é o desenvolvimento da chamada Inteligência Artificial Geral (IAG), que será capaz de realizar qualquer tarefa intelectual que um humano pode fazer, e até mesmo superá-lo em todos os domínios.

A IAG ainda é um objetivo distante, mas alguns especialistas acreditam que ela possa ser alcançada antes do século XXII.

A IAG trará benefícios enormes para a humanidade (resolver problemas complexos, acelerar o progresso científico e tecnológico, melhorar a qualidade de vida, aumentar a criatividade etc.).

Ela também trará riscos significativos, como a perda de empregos, a desigualdade social, a manipulação política e a ameaça existencial.

Por isso, é fundamental que a IAG seja desenvolvida de forma responsável, transparente e alinhada com os valores e os interesses humanos.

Isso exige a colaboração dos diversos atores envolvidos na criação e no uso da IA, como governos, empresas, academia, sociedade civil e usuários finais.

A IA é uma ferramenta poderosa que pode transformar o mundo para melhor ou para pior.

As pessoas decidirão como ela será usada e quais são os limites éticos e legais que devemos respeitar.

O futuro da IA depende das escolhas feitas hoje.

Governança da IA

A governança da IA é um tema cada vez mais relevante e urgente na sociedade atual, diante dos avanços e desafios que essa tecnologia apresenta.

O que significa governar a IA e quais são os benefícios e as dificuldades dessa tarefa?

A governança da IA pode ser entendida como um conjunto de princípios, normas, mecanismos e práticas que orientam e regulam o desenvolvimento, o uso e o impacto da IA nas diversas esferas da vida humana.

O principal objetivo da governança da inteligência artificial é garantir que essa tecnologia seja utilizada de forma responsável, ética, transparente, segura e inclusiva, respeitando os direitos humanos e os valores democráticos.

Um exemplo de governança da IA é a Estratégia Brasileira de Inteligência Artificial (https://www.gov.br/mcti/pt-br/acompanhe-o-mcti/transformacaodigital/inteligencia-artificial, acessado em 01/11/2023), lançada pelo Ministério da Ciência, Tecnologia e Inovações em 2021, que estabelece as diretrizes, as ações e os indicadores para o desenvolvimento e o uso da IA no país, com foco nas qualificações para um futuro digital, força de trabalho e capacitação, pesquisa, desenvolvimento, inovação e empreendedorismo, setores produtivos, poder público e segurança pública.

Foi revelado que a norma aprovada regulamentará a inteligência artificial conforme o nível de risco. Fonte: Parlamento Europeu aprova projeto para regulamentar uso da inteligência artificial, https://www1.folha.uol.com.br/tec/2023/06/parlamento-europeu-aprova-projeto-para-regulamentar-uso-da-inteligencia-artificial.shtml?utm_source=sharenativo&utm_medium=social&utm_campaign=sharenativo, acessado em 01/11/2023.

A governança da IA envolve diversos atores (governos, empresas, academia, sociedade civil, organizações internacionais e usuários finais).

Cada um dos atores tem um papel e uma responsabilidade na definição e na implementação de regras e padrões para a IA, bem como na fiscalização e na prestação de contas sobre suas ações e decisões.

Um exemplo de participação dos diferentes atores na governança da IA é o Fórum Econômico Mundial, que criou o Centro para a Quarta Revolução Industrial (C4IR, https://c4ir.org.br/quem-somos/#:~:text=O%20Centro%20para%20a%20Quarta,empresas%2C%20sociedade%20civil%20e%20pesquisadores, acessado em 01/11/2023), que é uma rede global de cooperação entre governos, empresas, academia e sociedade civil para promover o desenvolvimento e o uso ético e inclusivo de tecnologias inovadoras.

A governança da IA traz benefícios tanto para os desenvolvedores quanto para os usuários da tecnologia.

Para os desenvolvedores, a governança da IA pode contribuir para aumentar a confiança, a aceitação e a adoção da tecnologia pelo mercado e pela sociedade, além de reduzir os riscos jurídicos, reputacionais e operacionais associados ao uso inadequado ou abusivo da IA.

Para os usuários, a governança da IA pode garantir que seus direitos sejam respeitados e protegidos, que eles tenham acesso à informação e à participação sobre o funcionamento e o impacto da IA, e que eles possam exercer seu controle e sua autonomia sobre a tecnologia.

Um exemplo de benefício da governança da IA para os usuários são as leis de proteção e privacidade dos dados pessoais que determinam os direitos dos titulares dos dados pessoais tratados por sistemas de IA (direito à informação, à explicação, à revisão humana e à oposição).

A governança da IA existe também para enfrentar os desafios e as limitações da tecnologia (complexidade técnica, diversidade cultural, dinamicidade social, incerteza regulatória etc.).

A governança da inteligência artificial também trata das questões éticas, políticas e econômicas da tecnologia.

O conselho curador da IA trabalha para eliminar as barreiras que impedem o consenso e a cooperação entre os diferentes atores.

É preciso equalizar de forma justa e equilibrada os diversos interesses que existem em torno da IA.

A governança da IA é um fórum que promove um diálogo constante e inclusivo entre todos os envolvidos com a tecnologia.

O conselho curador da inteligência artificial busca a harmonização das normas nacionais e internacionais, a promoção das boas práticas, a criação de padrões técnicos etc.

Os objetivos da governança da IA estão relacionados com o incentivo para a inovação responsável, o desenvolvimento sustentável em diversas dimensões, o fortalecimento da educação e a conscientização sobre a inteligência artificial.

Referências Bibliográficas

https://this-person-does-not-exist.com/en, This Person Does Not Exist, acessado em 01/11/2023

https://chat.openai.com/auth/login, Welcome to ChatGPT, acessado em 01/11/2023

https://openai.com/research/jukebox, Jukebox, acessado em 01/11/2023

https://www.artbreeder.com, Artbreeder acessado em 01/11/2023

https://deepfakesweb.com, Deepfake Maker, acessado em 01/11/2023

https://runwayml.com/, Runway acessado em 01/11/2023

https://medium.com/orel-group/is-chatgpt-an-rnn-e2df2d8956f9, Is ChatGPT an RNN?, acessado em 01/11/2023

https://www.secondspectrum.com/index.html, Second Spectrum acessado em 01/11/2023

https://www.catapultsports.com/pt/, Catapult Sports acessado em 01/11/2023

https://justicadigital.com/blog/exemplos-inteligencia-artificial/, 6 exemplos de Inteligência Artificial na Justiça, acessado em 01/11/2023

https://www.tjsp.jus.br/Download/SecaoDireitoPublico/Pdf/Cadip/InformativoEspecialCadipInteligenciaArtificial.pdf, Inteligência Artificial no Poder Judiciário, acessado em 01/11/2023

https://www.stj.jus.br/sites/portalp/Paginas/Comunicacao/Noticias/09032021-Inteligencia-artificial-esta-presente-em-metade-dos-tribunais-brasileiros--aponta-estudo-inedito.aspx, Inteligência artificial está presente em metade dos tribunais brasileiros, aponta estudo inédito, acessado em 01/11/2023

https://www.conjur.com.br/2023-jan-15/robo-revolucionar-uso-inteligencia-artificial-justica, Novo robô pode revolucionar uso de inteligência artificial no Judiciário, acessado em 01/11/2023

https://www.cnj.jus.br/cnj-regulamenta-uso-de-inteligencia-artificial-no-judiciario/, CNJ regulamenta uso de inteligência artificial no Judiciário, acessado em 01/11/2023

https://www.nature.com/articles/s42256-023-00629-1, Synthetic data accelerates the development of generalizable learning-based algorithms for X-ray image analysis, acessado em 01/11/2023

https://meiobit.com/arquivo/316476/biobots-impressora-3d-tecidos-vivos/, BioBots, a impressora 3D de tecidos vivos, acessado em 01/11/2023

https://petpace.com/, PetPace, acessado em 01/11/2023

https://blog.khanacademy.org/pt-br/inteligencia-artificial-na-educacao/, O uso da inteligência artificial na educação, acessado em 01/11/2023 https://blog.duolingo.com/pt/duolingo-max-gpt-4/, Conheça o Duolingo Max, uma experiência de aprendizado desenvolvida com o GPT-4, acessado em 01/11/2023

https://www.aleks.com/about_aleks, McGraw - ALEKS always knows what each student is ready to learn, acessado em 01/11/2023

https://www.quillionz.com/, World's first AI-powered platform for creating questions, quizzes and notes, acessado em 01/11/2023

https://arxiv.org/abs/2005.14165, Language Models are Few-Shot Learners, acessado em 01/11/2023

https://imaginedone.com.br/blog/inovacao-e-tecnologia/inteligencia-artificial-varejo/, Como aplicar inteligência artificial no varejo?, acessado em 01/11/2023

https://listenx.com.br/blog/inteligencia-artificial-no-varejo/, Inteligência artificial no varejo: entenda como ela pode ser aplicada na área, acessado em 01/11/2023

https://stefanini.com/pt-br/insights/artigos/7-melhores-formas-de-aplicar-a-inteligencia-artificial-no-varejo, 7 melhores formas de aplicar a Inteligência Artificial no varejo, acessado em 01/11/2023

https://www1.folha.uol.com.br/mercado/2023/06/vendas-da-shein-se-aproximam-das-grandes-redes-e-varejo-brasileiro-reage.shtml?utm_source=sharenativo&utm_medium=social&utm_campaign=sharenativo, Shein no Brasil já vende mais que a Marisa; entenda como o varejo brasileiro reage, acessado em 01/11/2023

https://www.solinftec.com/pt-br/alice-ai-platform/, ALICE AI: encontro do *machine learning* com a experiência de uma vida inteira no agro, acessado em 01/11/2023

https://blog.bb.com.br/inteligencia-artificial-agronegocio/, Inteligência artificial para expandir o agro, acessado em 01/11/2023

https://climate.com/blog/scouting-from-the-air/, How Artificial Intelligence Can Help Farmers Scout Crops, acessado em 01/11/2023

https://golin.com.br/a-inteligencia-artificial-vai-transformar-o-agronegocio/, A Inteligência Artificial vai transformar o agronegócio, acessado em 01/11/2023

https://www.brasilagro.com.br/conteudo/agronomo-mais-velho-do-brasil-conhece-plataformas-digitais-na-agrishow.html, Agrônomo mais velho do Brasil conhece plataformas digitais na Agrishow, acessado em 01/11/2023

https://www.band.uol.com.br/agro/noticias/o-que-uma-vaca-pensa-acessorio-traduz-comportamento-e-desejos-dos-bovinos-16614422, O que uma vaca pensa? Acessório com IA traduz desejos de bovinos, acessado em 01/11/2023

https://www.avantia.com.br/blog/o-que-e-inteligencia-artificial-generativa/, O que é Inteligência Artificial Generativa?, acessado em 01/11/2023

https://www.siemens.com/br/pt/empresa/stories/tecnologia/ai-na-industria.html, Inteligência artificial na indústria: produção inteligente, acessado em 01/11/2023 https://jornaltribuna.com.br/2023/05/288185-ia-generativa-impulsiona--inovacao-industrial-no-brasil/, IA generativa impulsiona inovação industrial no Brasil, acessado em 01/11/2023

https://www1.folha.uol.com.br/mercado/2023/06/shein-diz-que-peca-brasileira-pode-ser-ate-mais-barata-que-chinesa.shtml, Shein diz que peça brasileira pode ser até mais barata que chinesa, acessado em 01/11/2023
http://www.b3.com.br/pt_br/, B3, acessado em 01/11/2023

https://www.cedrotech.com/solucoes/market-data-cloud/, Market Data Cedro, acessado em 01/11/2023

https://canaltech.com.br/inteligencia-artificial/o-que-e-ia-generativa/, O que é IA generativa?, acessado em 01/11/2023

https://epocanegocios.globo.com/tudo-sobre/noticia/2023/04/afinal-o--que-e-inteligencia-artificial-generativa-e-como-ela-funciona-entenda.ghtml, Afinal, o que é inteligência artificial generativa e como ela funciona? Entenda, acessado em 01/11/2023

https://www.tecmundo.com.br/software/262572-inteligencia-artificial--generativa.htm, O que é inteligência artificial generativa?, acessado em 01/11/2023

https://www1.folha.uol.com.br/colunas/ronaldolemos/2023/06/devemos--banir-a-inteligencia-artificial-nas-eleicoes.shtml, Devemos banir a inteligência artificial nas eleições?, acessado em 01/11/2023 https://www.binance.com/en/nft/bicasso, Generate an AI Image, acessado em 01/11/2023

https://www.artblocks.io/, Art Blocks acessado em 01/11/2023

https://tab.uol.com.br/noticias/redacao/2019/06/25/como--a-inteligencia-artificial-pode-ajudar-a-combater-mudancas--climaticas.htm#:~:text=Entre%20as%20principais%20contribui%C3%A7%C3%B5es%20da%20intelig%C3%AAncia%20artificial%20apontadas,de%20forma%20muito%20mais%20r%C3%A1pida.%20...%20Mais%20itens, Como a inteligência artificial pode ajudar a combater mudanças climáticas, acessado em 01/11/2023

https://arxiv.org/abs/1906.05433, Tackling Climate Change with Machine Learning, acessado em 01/11/2023

https://unesdoc.unesco.org/ark:/48223/pf0000381137_por, Recomendação sobre a Ética da Inteligência Artificial, acessado em 01/11/2023
https://www.revistas.usp.br/eav/article/view/185024, Inteligência Artificial e sociedade: avanços e riscos, acessado em 01/11/2023

https://www.europarl.europa.eu/doceo/document/A-9-2022-0088_PT.html, RELATÓRIO sobre a inteligência artificial na era digital, acessado em 01/11/2023

https://br.beincrypto.com/lista-traz-5-criptomoedas-baseadas-em-ia-para--investir-em-2023, Lista traz 5 criptomoedas baseadas em IA para investir em 2023, acessado em 01/11/2023

https://www.neureal.net/, What is Neureal?, acessado em 01/11/2023 https://verv.energy/, Verv, acessado em 01/11/2023

https://singularitynet.io/, SingularityNET, acessado em 01/11/2023

https://coinmarketcap.com/pt-br/currencies/neural-ai/, What Is Neural AI?, acessado em 01/11/2023

https://www.innoenergy.com/discover-innovative-solutions/online-marketplace-for-energy-innovations/verv-connect/, Blockchain-based renewable energy trading, a budgeting function, high-frequency appliance disaggregation in real time, acessado em 01/11/2023

https://support.apple.com/pt-br/HT208108, Sobre a tecnologia avançada do Face ID, acessado em 01/11/2023

https://www.cisco.com/c/pt_br/products/security/adaptive-security-appliance-asa-software/index.html, Resiliência em segurança de TI para enfrentar o imprevisível, acessado em 01/11/2023

http://www.iea.usp.br/publicacoes/ebooks/inteligencia-artificial, Inteligência Artificial: Avanços e Tendências, acessado em 01/11/2023
https://sjcjycl.cn/article/view-2023/pdf/03_290.pdf, *big data analytics for fraud detection in financial*
transactions, acessado em 01/11/2023

https://www.researchgate.net/publication/354854477_Modeling_Lean_and_Six_Sigma_Integration_using_Deep_Learning_Applied_to_a_Clothing_Company, *Modeling Lean and Six Sigma Integration using Deep Learning: Applied to a Clothing Company*, acessado em 01/11/2023

https://www.emerald.com/insight/content/doi/10.1108/IJLSS-08-2022-0191/full/html?skipTracking=true, *Application of six sigma through deep learning in the production of fasteners*, acessado em 01/11/2023

https://www.mdpi.com/2076-3417/13/2/933, *A Deep-Learning-Based Fault Diagnosis Method of Industrial Bearings Using Multi-Source Information*, acessado em 01/11/2023
https://ojs.aaai.org/index.php/ICAPS/article/view/6685, *Deep Reinforcement Learning Approach to Solve Dynamic Vehicle Routing Problem with Stochastic Customers*, acessado em 01/11/2023

https://www.ibm.com/br-pt/topics/it-infrastructure-library, O que é a biblioteca de infraestrutura de TI (ITIL)?, acessado em 01/11/2023

https://pt.wikipedia.org/wiki/Intelig%C3%AAncia_artificial, Inteligência artificial, acessado em 01/11/2023

https://blog.pareto.io/exemplos-de-inteligencia-artificial/, 16 Exemplos de Inteligência Artificial presentes no seu dia a dia, acessado em 01/11/2023

https://www.profissionaisti.com.br/itil-exemplos-praticos-que-finalmente-farao-voce-entender-qual-o-papel-de-cada-estagio/, ITIL: exemplos práticos que finalmente farão você entender qual o papel de cada estágio, acessado em 01/11/2023

https://www.zendesk.com.br/blog/tipos-inteligencia-artificial/, Quais são os tipos de inteligência artificial? Objetivos, como e por que usar, acessado em 01/11/2023

https://desenhodeservicos.com.br/guia-completo-para-itil4/, Guia Completo para ITIL4, acessado em 01/11/2023

https://www.bbc.com/portuguese/articles/c89yywnx5lyo, Inteligência artificial: o alerta de mil especialistas sobre 'risco para a humanidade', acessado em 01/11/2023

https://www.alibabacloud.com/blog/city-brain-now-in-23-cities-in-asia_595479, *City Brain Now in 23 Cities in Asia*, acessado em 01/11/2023

https://decider.paris.fr/decider/jsp/site/Portal.jsp, *Vous aussi, décidez pour Paris ?*, acessado em 01/11/2023

https://edition.cnn.com/2019/01/15/tech/alibaba-city-brain-hangzhou/index.html, *Alibaba's 'City Brain' is slashing congestion in its hometown*, acessado em 01/11/2023

Advogado pede desculpas por falsas citações judiciais criadas pelo ChatGPT, https://www.cnnbrasil.com.br/internacional/advogado-pede-desculpas-por-falsas-citacoes-judiciais-criadas-pelo-chatgpt/, acessado em 01/11/2023.

https://www.moohtech.com/, *Chronus Sports*, acessado em 01/11/2023

https://epocanegocios.globo.com/Tecnologia/noticia/2022/05/epoca-negocios-inteligencia-artificial-invade-futebol-e-vira-peca-importante-para-clubes.html, Inteligência artificial invade futebol e vira peça importante para clubes, acessado em 01/11/2023

https://igamingbrazil.com/online/2022/05/12/novo-aplicativo-chronus--sports-chega-ao-mercado-para-auxiliar-tecnicos-e-jogadores/, Novo aplicativo 'Chronus Sports' chega ao mercado para auxiliar técnicos e jogadores, acessado em 01/11/2023
https://www.globalforestwatch.org/, *Global Forest Watch*, acessado em 01/11/2023

https://climateactiontracker.org/, *Climate Action Tracker*, acessado em 01/11/2023

https://carbontracker.org/unlocking-the-potential-for-ai-to-help-tackle-the-climate-crisis/, *Carbon Tracker (Unlocking the potential for AI to help tackle the climate crisis)*, acessado em 01/11/2023)

https://www.globalforestwatch.org/blog/data-and-research/artificial-intelligence-helps-distinguish-the-forest-from-the-trees-part-1/, *Artificial Intelligence Helps Distinguish the Forest From the Trees: Part 1*, acessado em 01/11/2023

https://agencia.fapesp.br/modelo-de-inteligencia-artificial-pode-ajudar-o-brasil-a-lucrar-com-o-mercado-de-carbono/40750/, Modelo de inteligência artificial pode ajudar o Brasil a lucrar com o mercado de carbono, acessado em 01/11/2023
https://www.globalforestwatch.org/about, *Global Forest Watch*, acessado em 01/11/2023

https://climateactiontracker.org/about/, *Climate Action Tracker*, acessado em 01/11/2023 https://carbontracker.org/about/, *Carbon Tracker Initiative*, acessado em 01/11/2023

https://news.microsoft.com/pt-br/features/conheca-o-previsia-inteligencia-artificial-na-prevencao-dos-desmatamentos-na-amazonia/, Microsoft, Imazon e Fundo Vale lançam PrevisIA, ferramenta de Inteligência Artificial que ajudará na prevenção do desmatamento da Amazônia, acessado em 01/11/2023

https://previsia.org.br/, PrevisIA, acessado em 01/11/2023

https://www.sacyr.com/en/-/carbon-tracker, *Carbon Tracker: measuring and reporting carbon footprints*, acessado em 01/11/2023

https://whatsnewinpublishing.com/the-washington-posts-robot-reporter-has-published-850-articles-in-the-past-year/, *The Washington Post's robot reporter has published 850 articles in the past year*, acessado em 01/11/2023

https://www.newswhip.com/, *NewsWhip* acessado em 01/11/2023

https://atozofai.withgoogle.com/intl/pt-BR/journalism/, Jornalistas estão usando a IA para transformar o setor de notícias, acessado em 01/11/2023

https://jigsaw.google.com/projects/#perspective-api, *Creating future-defining technology*, acessado em 01/11/2023

https://magenta.tensorflow.org/, *Make Music and Art Using Machine Learning*, acessado em 01/11/2023

https://www.aiva.ai/, *AIVA-The Artificial Intelligence composing emotional soundtrack music*, acessado em 01/11/2023

https://openai.com/product, *Transforming work and creativity with AI*, acessado em 01/11/2023

https://www.synthesia.io/, *Create professional videos in 15 minutes*, acessado em 01/11/2023

https://openai.com/blog/gpt-3-apps/, *GPT-3 powers the next generation of apps*, acessado em 01/11/2023

https://www.gov.br/mcti/pt-br/acompanhe-o-mcti/transformacaodigital/inteligencia-artificial, Estratégia Brasileira de Inteligência Artificial, acessado em 01/11/2023

https://www1.folha.uol.com.br/tec/2023/06/parlamento-europeu-aprova-projeto-para-regulamentar-uso-da-inteligencia-artificial.shtml?utm_source=sharenativo&utm_medium=social&utm_campaign=sharenativo, Parlamento Europeu aprova projeto para regulamentar uso da inteligência artificial, acessado em 01/11/2023.

https://c4ir.org.br/quem-somos/#:~:text=O%20Centro%20para%20a%20Quarta,empresas%2C%20sociedade%20civil%20e%20pesquisadore, Centro para a Quarta Revolução Industrial (C4IR), acessado em 01/11/2023

Impressão e acabamento
Gráfica da Editora Ciência Moderna Ltda.
Tel: (21) 2201-6662